法商管理范式建构：

法商管理的逻辑基础

武 闯◎著

Reconstructing the paradigm of Legality-Business Management:
The logical basis of Legality-Business Management

经济管理出版社
ECONOMY & MANAGEMENT PUBLISHING HOUSE

图书在版编目（CIP）数据

法商管理范式建构：法商管理的逻辑基础/武闯著 . —北京：经济管理出版社，2021.4
ISBN 978 - 7 - 5096 - 7914 - 2

Ⅰ. ①法… Ⅱ. ①武… Ⅲ. ①企业法—研究—中国 Ⅳ. ①D922. 291. 914

中国版本图书馆 CIP 数据核字（2021）第 067111 号

组稿编辑：郭丽娟
责任编辑：魏晨红
责任印制：黄章平
责任校对：王淑卿

出版发行：经济管理出版社
　　　　　（北京市海淀区北蜂窝 8 号中雅大厦 A 座 11 层　100038）
网　　　址：www. E - mp. com. cn
电　　　话：(010) 51915602
印　　　刷：唐山玺诚印务有限公司
经　　　销：新华书店
开　　　本：720mm×1000mm/16
印　　　张：12
字　　　数：182 千字
版　　　次：2021 年 5 月第 1 版　　2021 年 5 月第 1 次印刷
书　　　号：ISBN 978 - 7 - 5096 - 7914 - 2
定　　　价：78. 00 元

推荐序

我的学生武闯历经三年耐住寂寞撰写的《法商管理范式建构：法商管理的逻辑基础》一书即将由经济管理出版社付梓出版，他邀请我为此书作序，我欣然应诺。借此，我与读者分享本书作者武闯、他立志探索的法商管理以及本书的价值。

其一，关于本书作者武闯。

我在大学任教转眼就 40 年了，在各种论坛和培训班演讲数百场，但是很少遇到武闯这样"另类"的年轻人。他不是只被动地听课或吸收知识，也不是仅仅与老师探讨问题，而是善于用自己的思考提出怎样去解决问题。也就是说，他不满足于"打破沙锅问到底"，而是要探索解释问题的分析框架和深层逻辑。他听我讲课时总是坐在第一排，也许这是为了获得更多的交流机会；并且他还常常出现在我给其他班级讲课或做讲座的课堂里，其中我讲授的一门涉及思维创新和企业策划的课，他完整地听了四次。他在读大学三年级时就开始研究和撰写"法商管理评估指数"的论文，并参加了中国政法大学法商管理研究中心举行的一次学术年会征文活动，经评审专家组匿名评审，他提交的这篇论文在已经征集到的数十篇论文中获得了最高综合评分。

武闯是中国政法大学商学院 2016 年毕业生中的佼佼者。在校期间，他组队参加的各种全国性比赛都力拔头筹；毕业时，他同时获得了保送攻读研究生资格和几所英国知名大学的录取通知书。正如他在自序中所介绍的，他毅然决定放弃这些而与我一起去创业，努力开拓法商管理理论研究和法商管理模式实践的新事业。说实话，在当下社会普遍"关注热点""追逐时尚""攀比财富"的大背景下，武闯作为一位潜力超群并形象出众的年轻人很容易实现"高、富、帅"的目标，而他却选择了"坐冷板凳"。我深知这样的选择需要有强大的内生动力和未来眼光！我这个年龄的人被称为过来人，回顾我们的经历都深有感触：要想有独立的思考，就必须耐得住寂寞甚至自寻孤独！试问：今天有多少年轻人愿意做这样的选择？武闯做出这种选择的内生动力来自哪里呢？他说：因为我告诉他"有价值的东西终将被社会发现"。然而，我却认为：他是有使命感的年轻人！正如他自己所说："有责任利用这种优质资源创造更大的价值。"

其二，关于法商管理的探索。

"法商管理"这个概念被一些专家视为中国土壤里长出的"管理新枝"，越来越被理论界、企业界、管理界以及各级政府所关注，特别是在很多理论成果或管理创新中都可以窥见法商思维的印迹。特别是以"法商"或"法商管理"作为关键词的教育培训、公司组织以及各类出版物都已成为吸引眼球的"热词"。尽管从理论上来说，对"法商管理"概念"智者见智，仁者见仁"，但是要使法商管理理论和方法确立其学科地位并成为新的历史进程中的管理智慧之光，需要有更多的研究者特别是新一代的探索者孜孜以求地上下求索。

我曾在《法商管理解析——颠覆经典管理的思考》（经济管理出版社 2019年版）中介绍了 1994 年我在负责创建中国政法大学工商管理专业时，如何提出和理解"法商"这个具有学科跨界的新概念：当时中国的改革开放已经确定了要建立社会主义市场经济，谈及市场经济大家都有一个共识："市场经济就是法治经济。"但在我看来，市场经济的内在机制是亚当·斯密揭示的"看不见的手"，深入思考可以发现这只"无形的手"说到底就是大家共同遵守的"规则"。所以，我更确切地认为："市场经济就是规则经济。"因此，我当时认为法商复合型管理人才就是既能够进行资源管理又能够运用好相关规则的特殊类型的管理者，用今天通俗的话来说就是"既玩资源又玩规则"，这是我国市场经济发展必然需要的法商复合型高级管理人才。

在当时背景下，我与很多老师及志同道合者共同努力开拓法商管理交叉学科，一方面在教学培养方案中规划和建设法商复合型的管理学科，另一方面我也不断地在理论上思考和探索法商管理的本质内涵、核心概念、管理方法以及学科范式等。虽然从开拓这个领域开始我就不断尝试对"法商管理"进行理论阐释和概念定义，但是因为我总是试图在探讨管理本质问题和建构新的管理范式方面，能够深入浅出地超越经典管理并凝练符合现实需要的解释力，所以我一次次地对这个概念进行界定和表述，又一次次地对此进行修正和完善，现在逐步形成了我认为对"法商管理"相对准确的界定："法商管理就是指基于效率与公平均衡的价值观和方法论进行有效的主体权益安排，以实现组织健康持续增长的目标。"如果用此定义对比经典管理中关于"管理"的定义（我在《法商管理解析——颠覆经典管理的思考》中用法商管理定义与孔茨关于管理的权威定义进行了对比分析），可以明显地看到"法商管理"对管理本质及思维方法等问题具有比经典管理更深刻和更全面的解释力。

在法商管理理念和分析方法上我也做了一些探索性研究，主要有"权益为本"的法商管理、"赢三角"战略架构、"法商价值"综合体系、"效率与公平均衡"的法商思维、"资源＋规则"的战略管理、"法商管理时代"的核心问题、"用规则创造价值"的独特理念、"精商明法，敏思善行"的行为指导、"创新与治理动态均衡"的价值主张、企业持续发展的"三种境界"，等等。另外，基于法商管理思想和理论探索的演进，初步勾勒出了法商管理演进的四个层级：法商知识、法商管理、法商价值和法商领道。

尽管我作为该学科和领域的主要开拓者最早提出了一些法商管理思想和概念，但是我深知这些开创性的管理理念和研究成果，也许更主要的还是提出了某些值得研究的问题或假说，需要更多有睿智的研究者发现尚待深入研究的问题，从本质和逻辑上建构起法商管理的系统理论体系。我今天很郑重也很欣慰地向大家推荐武闯撰写的《法商管理范式建构：法商管理的逻辑基础》，本书恰好从理论逻辑上厘清了法商管理范式的来龙去脉，论证和填补了法商管理理论的诸多问题及研究空白。

其三，关于本书的创新价值。

我认为一种新的理论要超越过去的经典理论并能够生存和发展，必须具备两个方面的条件：第一，新理论的逻辑根基更深入、更强固。既要从人类认识积累的理论沃土中汲取养料，也要从繁杂的资料或数据中梳理思想演进的脉络。第二，新理论对问题的解释力更全面、更深刻。既要解释已有理论已经解释的问题，还要解释已有理论解释不了的问题。本书从这两个方面既夯实了法商管理的理论基础，又拓展了法商管理的解释力。

首先，本书在研究方法上第一次将文献计量学和科学知识图谱应用于法商管理的研究，全书通过对过去 120 多年在世界顶级经济管理类期刊发表的18300 篇论文和 295031 条引文记录的定量分析，发现传统的管理学虽然主要是围绕"效率"展开的，但是已经从关注"个人效率"延伸到"组织内部效率、组织间竞争效率、组织间合作效率"方面，而这样的延伸必然深入到相互关系的"公平"问题，这样的演变不正是法商管理提出的"效率与公平均衡"的管理逻辑吗？

其次，本书在研究方向上提出了将学科研究范式的逻辑基础划分为学理脉络、演进动因和问题集域三个维度，并从这三个维度在深层逻辑上为法商管理的逻辑基础打下了学理脉络、演进动因和问题集域的"三个桩"。这不仅对法商管理的逻辑体系建立提出了系统化的思考，而且对库恩的"科学研究范式"涉及关于"范式"的一般性问题研究也提供了可供参考的研究框架。

基于以上创新的方法和独到的视角，本书通过研究从逻辑上论证和提出了法商管理不同于或超越经典管理学的核心观点：比如，经济因素上超级大企业的出现，社会因素上人们根本需求的改变、人口结构的调整以及规则意识的缺乏及错位，技术因素上区块链、AI 等技术对组织的变革与颠覆，对资源获取与管控方式的影响等都成为法商管理出现的动因；又比如，法商管理范式下的知识基础将围绕如何形成个体与个体、组织与组织、个体与组织之间的"效率与公平均衡"而展开；再比如，经典管理学的知识结构为"组织、战略、代理、社会网络分析、知识管理、战略联盟"等，法商管理范式下知识结构是基于"规则、权益、共赢"而建构的组织、资源、业务的"赢三角"；等等。

由于武闯在大学期间就开始思考和研究法商管理问题，今天能够付梓出版这么艰深的学术著作本身就蕴含着青年成才的逻辑基础！也因为他的综合素质和在法商管理研究领域的积淀，我们与法国 ICD 国际商学院联合培养的国际上第一批法商管理专业博士（EDBA）破格录取了他，这本书的主要内容也可能成为第一个法商管理博士的开山之作。如今，武闯制定了研究法商管理理论和开拓法商管理实践的更宏大的事业目标：将从法商管理的逻辑基础、结构效应、涌现特征、决策模型四个层面进行系统化的探索和建构。我们期待他的研究成果不断涌现，新作不断面世！

此时，我油然而生想起了著名物理学家普朗克先生曾经说过的一句话：一种新的思想或理论要被普遍接受，可能要老的一代逐步退出，新的一代逐步成长起来……我认为这句话背后的逻辑是：老的一代思维是有惯性的，难以改变固有思维接受新的理论和思想，因此寄希望于新的一代不断成长起来！

孙选中

2021 年 3 月 28 日

自　序

　　孙选中教授在 1994 年创立中国政法大学工商管理专业时提出了"法商复合型管理人才培养"，之后"法商管理"历经近三十年的发展引起了日益广泛的关注。

　　从 2016 年 10 月至今，四年多的时间里我一直是孙选中教授的助理，因为助理这层身份从而有幸陪同孙老师参加了一系列活动，聆听了他就法商管理所发表的诸多精彩演讲。少有年轻人能够如此幸运，能接触到一个领域最前沿的知识，并且能够时刻保持与一个全新学科奠基者及创新研究领域开拓者的即时交流。有一天我突然意识到这种"即时交流"其实是一种优质的资源，而我占有了这种优质的资源。资源越多，责任越大，所以我比其他人都更有责任利用这种优质资源创造更大的价值，围绕法商管理进行更多的开拓。同时也正是因为这种耳濡目染和沉浸式的交流让我对法商管理基础理论的研究和实践产生了极大的兴趣。

　　2016 年从中国政法大学商学院毕业之后，我放弃国内保送研究生的资格和英国多所顶尖商学院的 offer，开始以一名创业者和管理咨询顾问的身份工作。创业者的身份让我有机会以"企业管理者"的视角切身经历企业日常运营的烦琐和复杂，对于之前书本上所学到的战略、营销、组织等有了更实际的感受，对于系列管理工具和方法也在日常使用中体悟到了精妙和缺陷。同时也招聘不同学科背景的人共事，在不同学科思维碰撞中产生了许多前所未有的、或新奇或荒诞的想法。管理咨询顾问身份让我有机会接触到这个时代不同行业最优秀和最困惑的一批企业家，和他们一起调研和采访。他们的成功和失败、反思和探索、犹疑和进取、坚韧和执着、激情和冷峻都让我唏嘘不已，并且给我提供了数不胜数的思考案例。

以上这些都促使我决定要进行法商管理基础理论的研究。当我把关于法商管理的整个研究计划做好告诉孙老师时，老师说了这样一句话："武闯把他一生要做的事情都列了出来！"当时我不以为然，认为这些研究计划最多两年时间就能全部完成，没想到实际开展之后才知道工作量和难度有多大。本书的完成耗费了三年时间，而本书仅仅是整个研究计划四部分当中的第一部分，也是最简单的一部分。老师诚不我欺。

在我设计的完整研究计划中，借鉴复杂系统以及热力统计学的研究方法，将"法商"视作由法学组分和管理学组分构成的系统体系，一共需要解决四个问题，最终完成法商管理范式的建构（最初拟定的书名也是《法商管理范式建构》）。第一部分是法商管理的逻辑基础，核心问题就是法商管理为什么会产生？之前的管理理论当中有什么样的内容可以为法商管理范式所借鉴？第二部分是法商管理的结构效应，核心问题是法和商到底怎么结合？在价值观、方法论、知识点和自组织四个层面如何实现结合？结合之后和经典管理相比优越性体现在哪里？第三部分是法商管理的涌现特征，核心问题是法和商结合之后产生什么？协同效应是什么？法商为什么大于"法＋商"？第四部分是法商管理的决策模型，核心问题是法商管理有什么独特的分析工具和方法，如何指导企业实践？这样综合起来搭建起法商管理范式的研究架构和应用领域，实现孙老师常说的法商管理"顶天立地"，有理论上的高度，也有实践中的落地。

本书主要是法商管理的逻辑基础，全书通过对过去 120 多年在世界顶级经济管理类期刊发表的 18360 篇论文和 295031 条引文记录的定量分析，发现传统管理学的知识基础主要是围绕如何提高"个人效率、组织内部效率、组织间竞争效率和组织间合作效率"展开的，书中提出应该以此为基础形成法商管理范式下的"效率和公平均衡"观，对于传统管理学中的效率观批判式继承；发现传统管理学的知识结构为"组织、战略、代理、社会网络分析、知识管理、战略联盟"，并在此基础上推导出法商管理范式下的知识结构应该是"组织、资源和业务"；发现管理学从科学管理时代、行为管理时代到战略管理时代再到知识管理时代的变迁路径和演进动力，并以此提出下一次将变迁到法商管理时代及其原因；通过对管理学和其他学科交叉融合的现状分析发现，管理学有逐步和法学交叉融合的趋势；通过对近二十年管理学研究前沿的分析，推导出法商管理范式中的问题集域。正如库恩所言："革命通过摆脱那些遭遇到重大困难的先前的世界框架而进步。这并非朝向预定目标的进步，它通过背离那些既往运行良好，但却不再能应对其自身的新问题的旧框架而得以进步。"法商管理亦通过对传统管理的扬弃而成。

本书在写作时曾遇到非常多枯燥无聊或难以为继的时刻，我经常会怀疑这些工作是否有价值、有意义（人生的困惑大抵也就来自追求价值和意义），也会向孙老师吐露年轻人的焦虑和迷茫。我所做的工作好像不是时代的热点，没有人关心基础理论，没有人在乎一个基础理论的根基是否深厚，推导是否严谨，只要宣传包装到位，任何东西都可以追逐者云集。大家也更想听热热闹闹的"干货"，听能够立即使用的"干货"，枯燥的需要静心思考的理论只会被束之高阁。明知这样蒙尘的结局，这件事我还要去做吗？孙老师总是这样回答——"有价值的东西终将被社会发现。""坚持做肯定会看到希望的！"这些都给了我坚定前进的力量和信心，耐住性子把根扎得深一些，再深一些，我相信这也是孙老师信奉的人生真谛。

法约尔在《工业管理与一般管理》中说道："所幸建立一种理论而做的有益探索无须掌控一家大企业，也不必进行一项高深的研究。最微小的正确发现都有其益处，我们希望，一种思潮一旦建立，就不要遏制它，让它引发公众讨论，从而确立理论。"希望本书微小的发现也能够为推动法商管理在社会上的讨论而贡献力量，引发思考的热潮。但正如管理学界广为流传的一句话："管理没有终极的答案，只有永恒的追问。"本书成稿留有太多遗憾，也为后续的研究留下空缺，希望能够在永恒的追问中推动法商管理范式的完善，推动新商业文明的建立。

最后再一次对我学术研究和生活中的导师孙选中教授表示感谢，对法商领道研究院可爱又聪明的同事和挚友表示感谢，他们是张旭东、苑馨月和张艺隽，感谢他们的大力支持和帮助，以及为本书面世所做出的贡献。

武闯

2020 年 11 月 16 日

前　言

　　自 1911 年弗雷德里克·温斯洛·泰勒的《科学管理原理》出版发行以来，关于管理思想的讨论已有一百余年的历史。其间涌现出一大批学者、企业家和咨询顾问，在特定的历史背景下贡献了诸多精彩绝伦、灿若星河的管理思想和理念，这些管理思想经过不断演变与发展，逐步形成了影响深远、改变企业决策与经营的管理范式。

　　然而与其他社会学科相比，管理学仍是一门年轻的学科，新理论的开发在这一时期尤为重要。有价值的新理论不仅能以独到见解加深人们对年轻学科的认识、加速学科发展，更可以让学科知识服务时代需要，随时代条件的变化进行自我革新。本书正是要梳理并构建这样一种新管理理论——法商管理理论存在的逻辑基础。

　　正如泰勒的"科学管理范式"诞生于 19 世纪美国工业革命带来的机器化生产浪潮中，法约尔的"工厂管理和一般管理范式"立足于 19 世纪法国学校教育与企业实践需求之间的脱节，任何一种管理范式都有其特定的诞生背景和应用前提。当此类特定的应用前提出现变化时，先前的管理范式也开始显现出逻辑上和实践应用中的困境。当前，企业正处于以易变性、不确定性、复杂性、模糊性为特征的 VUCA 时代，全球企业均面临严峻的考验和空前的机遇。中国迎来"百年未有之大变局"，经济发展由高速转为中高速，全面进入新常态；国际政治环境风云诡谲，贸易摩擦成为我国许多企业头上挥之不去的阴影。事实上，并非仅中国企业应对的环境更加复杂，放眼世界，经济全球化的浪潮将竞争的激烈带到了每一个企业身边，后互联网时代的跨界融合与科技的光速迭代更是为企业间竞争关系带来前所未有的变化速度。种种迹象表明，商业环境正处于历史性变局之中，这对企业的战略提出了全新变革要求。面对日益复杂的商业环境，指导企业经营决策的管理范式也必须应时而变。

当此之际，法商管理理论创始人孙选中认为，以"效率最大化"为核心理念的经典管理范式历经百年发展在当前社会文明和经济形态发生转变之时，需要进行相应的转化和创新，其从全新的视角对经典管理及其战略架构进行分析，指出其局限性并在此基础上提出法商管理的核心理念和价值要素。当然，任何站得住脚的理论都无法凭空产生，因此为阐述法商管理理论存在的科学基础，本书将对经典管理理论形成的知识基础、知识结构与发展历程进行梳理，分析法商管理对传统理论的传承与发展，构建规范化的法商管理知识结构，同时结合时代因素探讨论证法商管理出现的必要性与合理性。

目　录

一、文献综述

（一）对"管理学发展脉络研究视角"的文献综述

1911 年科学管理之父弗雷德里克·温斯洛·泰勒发表了《科学管理原理》，标志着管理学正式成为一门独立的学科。管理学作为一门扎根实践的学科，为适应企业形态、规模和管理诉求的变化，不断涌现出新的思想理论，构筑起具有庞大研究成果和理论分支的知识丛林。于此处梳理管理学发展脉络有利于展现管理学百年来的理论全貌，厘清理论脉络，揭示管理学发展规律，进而预见管理学未来的发展趋势。本部分就管理学发展脉络研究过程和学者们目前的研究现状进行概述式归纳梳理，并从时间顺序视角、研究范式视角、理论学派视角以及东西方地缘视角四个维度来分析阐述管理学演进脉络。

1. 时间顺序视角

时间顺序视角剖析管理学发展脉络是指按照各管理理论出现顺序及内容划分不同发展阶段并梳理分析。管理学界一般认为，管理学学科的开端是以《科学管理原理》的出版为标志的[1]，此后的管理学发展逻辑主线尚未在学界形成公论，但就时间顺序视角而言，研究者划分发展阶段的观点已基本达成共识。

20 世纪 80 年代初，中国著名经济学家马洪在其主编的《国外经济管理名著丛书》前言中提出了经典的"三阶段论"，认为西方经济管理理论的发展基本分为三个阶段：第一个阶段是 19 世纪末至 20 世纪初，以泰勒及法约尔等为代表的"古典管理理论"阶段，主要探讨提高工人劳动生产率的相关办法；第二个阶段是从 20 世纪 20 年代开始，以梅奥及赫茨伯格等为代表的"行为科学理论"阶段，聚焦生产中的人际关系，研究缓和社会矛盾、提高生产率的方式；第三个阶段则是在前两个阶段后，尤其是二战后出现的以巴纳德及德鲁克等为代表的"当代管理理论"阶段，这一阶段的管理理论得益于科技的进步及生产力的飞跃，围绕着社会系统、决策理论等研究领域各学派呈现出百花齐放的局面[2]。

马洪的划分方法基本代表了学界在时间顺序视角的主流观点。与之类似，世界著名管理学家丹尼尔·雷恩（D. A. Wren）在《管理思想史》中将从泰勒开始的管理学也分为三个阶段，分别是科学管理时代、社会人时代及现代管理时代。其中，科学管理时代以泰勒推动的效率主义著称；社会人时代由霍桑对人际关系的研究开启，不同于马洪观点的是，雷恩将巴纳德及西蒙等发展的组织理论划进了第二个阶段；现代管理时代则同样始于第二次世界大战后，这一时期的学者在过去管理思想的基础上，发展出了更加多样的管理学理论[3]。较近的研究者中，李晋、刘洪（2011）在回顾管理学百年发展之际将管理学发展同样分为三个阶段：以科学管理为基础的工厂管理时期、以霍桑实验为开端的组织管理时期以及以知识管理时代所推崇的组织间管理时期[4]。

从时间顺序视角切入，可以帮助后来者系统快速地回顾管理理论的发展历程，并可根据各理论所处的历史时期，分析不同理论产生的时代必然性。然而仅以此视角进行划分，则难以准确反映出 20 世纪 50 年代至今产生的众多管理理论的特点及意义，与其他分类方式相比难免过于笼统。

2. 研究范式视角

范式（Paradigm）这一概念最早由著名科学哲学家托马斯·库恩提出，并在《科学革命的结构》一书中作为核心概念贯穿全书[5]。自此，"范式构建"成为探索学科结构和代际演变中的显学。根据库恩的思想，范式意味着从事某一学科的研究者群体在这一领域内所共有的世界观、共识和基本观点[6]。因此，从研究范式视角分析管理学发展历程，即是从管理学的世界观、方法论角度去梳理管理学经历的变革及存在的不同认知。

由于库恩最早的范式学说是以物理学这一自然科学为对象提出的，而管理学同时融合了社会学、心理学等多种学科知识，本身更偏向经验科学，因此关于管理学范式的解释，甚至管理学是否存在范式概念的问题，学界长久以来争议不断[7]。在梳理管理学研究发展历程时，李晋、刘洪指出围绕效率与人性的矛盾，管理学一直存在着科学主义范式与人本主义范式两大冲突性范式，各管理学理论沿着两大范式的演进主线研究不同的问题[4]。

1979年，组织理论学家伯勒尔和摩根提出了一套明确的、较为细化的社会学范式框架，对管理学理论的研究产生了广泛而深远的影响，也真正地让范式概念在管理学领域流行起来[8]。根据这一框架，管理学理论可分为四大范式：主张组织客观存在，万物皆有职能且有条不紊的职能主义范式；认为组织充满利益矛盾，致力于解决制度带来的管理问题的激进结构主义范式；注重个人主观感受，认定组织实为一种社会建构的诠释型范式；强调社会性结构亦具备物质利益，已被广泛应用于各科学领域的激进人本主义范式[6]。

伯勒尔和摩根的范式框架启发了后续许多管理学研究者，亦催生了大量批判性、探究性的范式主张，但其总体范式分类仍未超出伯勒尔及摩根的框架范围。近年来，科技的飞速发展及商业环境的剧变为管理研究提出了许多全新问题，越来越多的学者开始呼吁管理学范式的革命，而范式革命也正是库恩理论的另一核心议题。管理学者陈春花认为，在新技术的冲击下，经典管理学已然过时，时代亟须以共享价值为基础、以个体价值创造为核心的管理新范式[9]。陈劲、尹西明认为，当下的科技革命与经济转型正推动着管理学向聚焦"人的全面发展"、提升全球包容性的整合管理范式变迁。尽管各学者的具体表述有所不同，但一个适应新时代更加开放、更加多元要求的新管理范式的出现已是大势所趋[10]。

从研究范式视角梳理管理学发展脉络，有助于研究者直击管理研究的核心问题变化，体会不同时期管理者对管理问题的认知变更及由此导致的管理学演变，也更容易把握到管理学本质层面的未来发展方向。

3. 理论学派视角

二战之后，各类组织迅速成长起来，各界人士对管理学的兴趣与日俱增，管理理论的数量呈现爆发式增长。与此同时，管理理论与管理实践却逐渐脱节，基于管理理论研究的商业教育一片混乱。针对这一现象，罗伯特·戈登（R. A. Gordon）和詹姆斯·豪厄尔（J. E. Howell）于 1959 年发布了一篇报告[11]，直指美国彼时的商业教育难以培养出成功的管理实践者，并提倡将多样的管理研究方法加入商学院课程设计，这一报告对管理教育产生了深远影响，同时促使产生了著名的"管理理论丛林"[3]。

1961 年，面对日益增长的管理理论及不同学派间的明争暗斗，管理学家哈罗德·孔茨提出了"管理理论丛林"概念，试图厘清管理理论领域的不同论点与问题，以增强管理研究在实践中的作用，并使管理理论趋于统一。孔茨在《管理理论丛林》（*The Management Theory Jungle*）中将管理思想分为六个学派，分别是管理过程学派、经验主义学派、人类行为学派、社会系统学派、决策理论学派与数理学派[12]。

其中，管理过程学派最早由法约尔提出，其把管理看作在组织中指挥他人并与他人一同完成工作的过程，孔茨正是这一学派的代表人物；经验主义学派认为管理是对经验的研究，主要采用案例分析研究的方式开展管理教学；社会系统学派由切斯特·巴纳德开创，吸收了大量社会学理论内容，认为管理是由群体互动形成的相关联的文化系统；决策理论学派更多以经济学的消费者选择理论为基础，致力于研究合理决策的方法；数理学派则以运筹学家为代表，认为管理是一个能用数学符号及关系来表示的数学模型和程序的系统。

管理理论丛林提出后，孔茨所期待的管理理论大融合并未出现。1980 年，当孔茨再次回顾管理理论丛林时，提出管理学已由六大学派发展为十一个学派，包括管理过程学派、权变理论学派、经理角色学派、经验学派、人际关系学派、群体行为学派、社会技术系统学派、社会协作系统学派、系统学派、决策理论学派及数量学派[13]。彼时，管理理论与管理实践的长期割裂使美国商界急切地寻求一些能真正指导管理实践的知识，这种迫切也将以德鲁克为代表的管理实践宗师推上了时代之巅。

理论学派视角较近的研究中出现了一些不同观点。英国管理学者安德泽杰·胡克金斯基（A. A. Huczynski）根据管理理论的综合影响力，将管理理论发展总结为六大思想流派，包括官位主义、科学管理、行政管理、人际关系、新人际关系及大师理论[14]。张兰霞在孔茨的基础上将 20 世纪 80 年代之后出现的管理理论分为学习型组织理论、企业能力理论、企业再造理论、智力资本理论、知识管理理论、竞争合作理论、团队管理理论、局限管理理论、情境管理理论及可持续发展理论十个流派[15]。

理论学派的视角虽稍显零散，但它的出现使人们得以从更具体、更细致的层面了解管理学史上的各家之言，同时对促进管理学理论与实践融合，乃至对管理理论自身的融合发挥了重要作用。

4. 东西地缘视角

近代以来，管理学学科的形成与发展一直由西方作为主导，因此管理学研究长期呈现出"西强东弱"的态势。随着全球化进程的加深，东西方文化不断碰撞交流，以及近些年中国企业引领的移动互联网浪潮，越来越多的学者开始着眼东西方管理思想的异同，进而探寻两者融合的可能。

较早的研究如官鸣提出中国的传统管理较重视整体性，善于从长远及宏观的角度考量问题；而西方管理则聚焦微观，更重视短期效益与单个经济单位利益[16]。类似地，彭新武认为，东西方不同的地理条件与人文特色孕育了各自不同的管理思想与文化。中国传统管理的根本目标是提出可"治国安邦的万全之策"，更多提倡以情感为纽带的"德治"，善于营造平衡和谐的管理氛围，但缺乏对个人价值创造的鼓励；西方管理思想则更加讲求以理性手段提升效率，善用规则激发个人潜力，但机械化的管理制度挤压了"人性"的空间，也降低了管理的灵活能力[17]。

总体来看，东方管理思想偏向重理想、重道德、追求整体完美的"人本"管理；西方管理思想则更青睐重利润、重效用、提倡竞争机制的"科学"管理。而着眼于东西方管理思想比较的学者大部分得出了同样的结论，即东西方管理智慧各有所长，在世界一体化的趋势下，只有实现"科学"与"人本"的东西方管理方式的有机结合，才能实现管理学科的飞跃式发展。

目前，日本在东西方管理融合方面做得较好，日本管理学本身也正是广义东方管理学的重要组成部分。在当代东西方文化进一步融合的趋势下，日本既学习西方科学计量化的管理模式，又借鉴"人本"的东方管理之道[18]；同时注重对管理实践的提炼，强调对企业家的管理过程研究[19]，即"理论联系实际"。这样的融合与创新使当代日本管理思想研究随日本管理实践的发展日新月异，形成了众多影响深远的管理思想，如野中郁次郎的知识管理理论、大前研一的3C战略三角、石川馨的全公司质量管理等。因此，日本管理思想已成为当今东方管理学的"理论极"。但遗憾的是，作为世界第二大经济体的中国目前还没有能够产生广泛影响的本土独特的管理思想和理论。

东西地缘视角并非由具体管理理论角度切入分析，而是帮助人们从不同管理思想形成的文化源头去理解管理界存在的思维差异，并敦促研究者以更加包容开放的心态博采众长，于管理研究中积极创新。

5. 总结

通过上文不同视角下管理思想的研究综述可以看出，国内外学者大多数基于质性研究方法从不同的角度进行归纳，整理出管理学演进脉络。一方面这种描述性分析方法主观性较强，另一方面囿于定性研究的固有不足，学者仅仅是从整体上把握了管理学理论的发展，而无法进行更为细致的区分，因此亟须科学化的定量方法和手段研究管理学具体演进脉络。

（二）文献计量学及科学知识图谱应用于管理学
研究的文献综述

1. 文献计量学的发展历程

文献计量学的起源可以追溯至19世纪末20世纪初，学者们开始用数理统计的方法定量分析文献。1896 年，弗兰克·坎贝尔（F. Campbell）用统计方法分析了文献的学科分布[20-21]；1917 年，弗兰克·科尔（F. J. Cole）与伊尔斯（Eales）定量分析了 1550 ~ 1860 年比较解剖学的文献数量增长情况[22]。从此，对文献的定量分析拉开了帷幕。1923 年，休谟（E. W. Humle）总结了科尔与伊尔斯的结果，并提出了"统计书目学"（Statistical Bibliography）的概念[23-24]；46 年后，艾伦·普里查德（A. Pritchard）将其更名为"文献计量学"（Biliometrics），并将其定义为"数理统计方法在书籍与其他载体的应用"[23]。

随着科学计量学之父普莱斯（D. J. D. S. Price）对"科学学"（Science of Science）的探索，文献计量学的发展被推向了新的高度。普莱斯多次阐明文献定量分析对发现科学规律的重要作用，并把文献计量学的主流方法由统计历史数据转向基于引文分析[25]。

文献计量学的兴起与腾飞得益于科学引文索引的创造、计算机与数据库的发展和引文分析、共词分析等计量方法的成熟。1955 年，美国学者尤金·加菲尔德（E. Garfield）推出"科学引文索引"（Science Citation Index）[26]，成为引文分析的重要工具；在线数据库与计算机技术的发展让大规模的引文获取与计量成为可能[27-28]；1956 年提出的文献耦合分析、1973 年的共被引分析与1983 年的共词分析等成为文献计量的常用手段，使文献计量学逐渐完善。

文献计量的意义在于阐明学科内文献的演变，界定学科性质以及发展历程[23]；同时也有助于研究人员发现目标领域内最具影响力的作者与文献。与传统的文献定性分析相比，文献计量的方法更为系统、客观、透明。文献的指数增长让传统的定性分析难以概括学科全貌；另外，定性分析囿于研究人员的个人主观偏见，不能给出客观严谨文献评价。而文献计量学是基于数理统计方法，运用引用数据，建立学科领域的结构图，使文献评价具有"客观性"[29]。与此同时，文献计量的过程是可重复的，其结果比定性分析更为透明。目前，文献计量学有两个主要的应用方向：一是评价机构和研究人员的重要性，二是应用于科学知识图谱[30]。

2. 科学知识图谱的产生与发展

科学知识图谱（Science Mapping）是文献计量学和科学计量学研究领域的一种重要发展。科学知识图谱在以科学学为主的学科基础上，实现图形学、计算机科学、信息可视化等多学科交叉融合。科学知识图谱应用共词分析、网络分析、共现分析等手段对大量异质文献进行深度剖析，并利用形象的图谱网络，清晰直观地展示学科的发展历程、热点前沿、学术合作以及学科交叉，为学科创新研究提供有价值的参考。

科学知识图谱雏形产生于加菲尔德 1964 年的论文《引文资料在科学史写作中的运用》（*The Use of Citation Data in Writing the History of Science*），其在附录中绘制了关于 DNA 编码的知识发展图谱，虽然当时还没有出现科学知识图谱这一具体概念，但其形式已经与共被引网络图谱相差无几[31]。随着计算机算力的增长与文献数据库的日益完善，科学知识图谱的理论和方法体系不断成熟，科学知识图谱相关概念在中国提出的标志是陈悦和刘则渊的论文《悄然兴起的科学知识图谱》，他们在论文中提出："科学知识图谱"是显示科学知识发展进程与结构关系的一种图形。由于它是以科学知识为计量研究对象的，所以属于科学计量学（Scientometrics）的范畴"[32]。科学知识图谱经过数十年的发展，在学术研究方面的实际应用已经取得了较好的效果。

科学知识图谱应用于管理领域研究起步于 20 世纪 90 年代，虽然当时的学术研究多数以文献计量的视角进行，还没有将科学知识图谱作为一种独立的研究方式，但是已经出现了一些文献可视化方法的应用，如战略坐标地图[33]、共被引网络图谱[34-35]。进入 21 世纪后，随着一些基于文献计量学的信息可视化软件的出现与普及，如 Pajek、CiteSpace、UCINET、BiBexcel、VOSviewer，科学知识图谱成为管理领域研究的热门方向。

3. 国内外科学知识图谱的发展对比

国内外的研究热度与研究角度迥然不同。以"知识图谱"为关键词对中国 CNKI 管理学文献数据库进行搜索，总体仅有百余条索引信息，与国外 WOS

数据库中每年百余条的发展态势形成鲜明对比；研究角度方面，国内的研究多数从管理学宏观学科层面出发，以绘制学科知识结构、进行基于引文的分析、以时区视角划分学科发展阶段三大手段，来厘清学科主要结构分支、挖掘学术发展前沿热点、探寻不同学科之间交叉渗透[36-38]。

国外应用于管理领域的知识图谱研究，较少以管理学整体学科为主体这样宏观的角度来进行。现有的研究成果多数聚集于管理学学科中观层面，即对管理学下具体某一分支的分析研究，本书将国外该领域的研究主题归纳为以下六个方面：企业知识管理[39-41]、企业战略管理[42-43]、企业组织管理[44]、企业创新管理[45-46]、企业市场管理[47-48]、企业运营管理[49-50]，上述论文多以共引分析为主要手段梳理该分支领域的知识结构（Intellectual Structure），探索分支学科发展前沿。

近年来，国外知识图谱对于管理领域的研究开始趋于微观，研究主题会更加聚焦于一些特定主体和前沿热点，如政府与社会资本合作（PPPs）[51]、电子商务[52]、大数据[53]等。

4. 总结

综上所述，上述研究在丰富和加深管理学研究进展和发展趋势方面做了诸多可贵的探索，但部分研究囿于写作时间较为久远，研究文献数据的样本多为10年之前，难以客观、准确地反映管理学最新的发展；另外，多数梳理从文献计量的角度划分时区阶段，而对其阶段变化背后的深层次逻辑较少提及。

二、研究设计

（一）研究目的及研究方法

本书最根本的研究目的是梳理并构建法商管理的逻辑基础。分析法商管理逻辑基础的主要目的是对法商管理理论的合法性做出科学的阐述。一门学科的合法，并非法理上的合法，而主要指的是该学科的存在基础。具体而言，学科合法性应满足以下几个方面的要求：具有清晰的"学理脉络"、具备客观的"演进动因"以及形成丰富且专属的"问题集域"（见图1）。

首先，法商管理理论并不是凭空产生的，其产生必然需要对传统理论实现继承与突破，传统理论所形成的知识基础与知识结构自然而然地会为法商管理理论所借鉴和使用，并形成法商管理规范化的知识结构，而这种继承与发展便是从学理脉络的角度证明了理论的合法性。本书针对"学理脉络"主要有两个研究主题：其一，对传统管理理论所形成的知识基础与知识结构进行梳理，以期形成法商管理的知识结构；其二，以"效率"和"公平"为研究主题，对管理学发展历程进行梳理，以期形成法商管理的效率与公平观。

其次，演进动因则更多是从时代实践的角度证明理论存在的合法性。任何科学理论都是时代的产物，其产生会受制于特定的经济、政治、社会、文化、技术背景，法商管理亦是如此。关于"演进动因"的研究主题同样是对发展历程进行梳理，但梳理的视角聚焦于"时代"因素，探讨在新时代背景下法商管理理论出现的必然性。

最后，虽然管理理论在时代背景面前处于被动，但在被动中却蕴含着主动，科学理论也会解决一些时代所特有的问题。同时，管理学是一门富有实践性的科学。在"时代性"与"实践性"两方面的共同作用下，管理理论会形成相对独立的研究范畴、研究领域和研究对象并构建起丰富且专属的"问题集域"。本书针对"问题集域"主要有两个研究主题：首先，对目前管理学的研究前沿进行梳理，以期总结归纳出法商管理的前沿课题；其次，法商管理作为一门交叉学科，需要探索学科交叉所形成的新课题。学科交叉点往往就是科学新的生长点、新的科学前沿，并最有可能产生重大的科学突破，使科学发生革命性的变化，而对于学科交叉点的探索也更有利于分析法商管理理论"问题集域"的独特性与专属性。

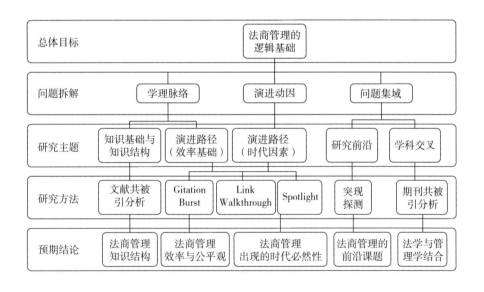

图 1　研究思路

针对上述不同的研究主题，本书主要应用文献计量学的研究方法进行解决。作为交叉学科的文献计量学在数十年的发展过程中借鉴吸收其他学科的研究方法，逐渐形成独立的理论体系。现阶段的学术研究中，文献计量学主要运用以下五种方法：直接引文分析、共被引分析、文献耦合分析、共词分析与突现分析。本书针对不同的研究主题选择了最适合的文献计量学分析方法，具体分析如下：

1. 管理学知识基础与知识结构

知识基础（Knowledge Base）是指创造学科内新知识的思想、观点、方法或理论[46]。知识基础常由被多次引用的文献集组成[28]。知识结构（Intellectual Structure）是指学科的研究传统、组成、重要研究主题之间的联系[46]，是知识基础的结构化。研究学科的知识结构有助于梳理出管理学的关键贡献者，厘清构成管理学的重要理论。在百年历史洪流中，管理学逐步形成了庞大的分支，形成了专属的知识体系。本部分的研究目的是通过梳理相关学者在百年间贡献的知识基础与其所形成的知识结构，来探寻并构建法商管理在学理脉络方面的逻辑基础。

目前，对学科知识基础和知识结构研究所应用的方法比较多，其中较为普遍采用的方法是文献共被引分析。共被引分析是现阶段最流行的文献计量法。两篇文献被其他一篇或多篇文献共同引用则形成共被引关系，而这种关系所形成的共被引频次可衡量两篇文献的关联程度[54]，若两篇文献被多次同时引用，则其内容可能高度关联，其学科背景相似[37]。共被引分析的对象不仅局限于文献之间，还可拓展至作者与期刊层面[55-56]。相较于引文分析，共被引分析不仅能识别领域内重要的贡献者，还可以建立论文之间、作者之间、期刊之间的关系网络，有助于研究学科结构[57]。本部分的研究将会应用共被引方法，对管理学文献进行共被引分析，并通过 CiteSpace 软件描绘管理学知识图谱。

2. 管理学演进路径与研究前沿

研究前沿（Research Front）是指引用知识基础的新出版文献[59]。给定时间节点，研究前沿由最新出版的论文组成，代表学科最新的发展趋势与当下的研究热点[28]。因此，研究前沿可揭示学科领域演进的本质[58]，找出学科发展的关键节点与里程碑，梳理学科的演进路径。传统的共被引网络以被引文献为网络节点，易忽略最新文献；因此更适合梳理知识基础而非研究前沿。而突现探测可以弥补共被引网络的相关不足，其算法可针对被引频次，亦可针对主题词、关键词，甚至在文献被引频次尚少的情况下发现文献所包含的新研究趋势[60]。同时，突现探测可描绘研究前沿的特征，有助于发现学科知识结构经历的重要转变，进而揭示学科发展进程、预测未来方向。

演进路径与研究前沿的分析视角与知识基础和知识结构部分不同。在分析演进路径与研究前沿时，研究的重点在于分析同一个时间段内不同研究领域之间的相互关系，其研究成果是同周期的。本部分将在共被引网络的基础上进行聚类分析，并通过探测突现词与突现文献的方法研究管理学学科的前沿，厘清管理学发展脉络与演进路径，预测管理学未来研究趋势。

3. 管理学学科结构与学科间的交叉融合

学科之间的交叉融合是伴随社会和学科自身发展需求而出现的一种综合性的科研行为[61]。实际上，学科交叉是发生在学科之内或者学科之间，对象涉及这一学科群的交叉活动。学科交叉一般表现为两门或两门以上学科的研究内容、方法横向有机联系而形成的具有独立性质的一门学科或一个学科群体，是形成交叉学科的狭义途径[62]。中国科学院院长路甬祥曾指出："学科交叉点往往就是科学新的生长点，新的科学前沿，这里最有可能产生重大的科学突破，是科学革命性的变化。同时，交叉科学是综合性、跨学科的产物，因而有利于解决重大复杂的科学问题、社会问题以及全球性问题。"[63]以上一段描述清晰地阐释了学科之间交叉融合的研究意义。本书认为研究学科之间的交叉融合，除了有利于产生重大的科学突破和解决复杂的问题外，还可以促进学科间的平等和平衡，消除学科间的隔阂和歧视，以及帮助研究人员了解不同学科的交叉关系，借鉴其他学科的理论与方法，使学科获得新的发展方向和发展动力。

本书在研究管理学学科结构与学科间的交叉融合主要采用上文提及的共被引分析法，但共被引分析的对象由文献之间拓展到了期刊之间，并通过CiteSpace软件描绘管理学的学科结构。

（二）分析工具及数据处理

1. 计量分析工具

本书选用信息可视化分析领域中的代表性软件 CiteSpace 对相关文献期刊进行计量分析。CiteSpace 是由美国德雷塞尔大学信息科学与技术学院教授陈超美开发的免费知识图谱可视化分析工具，该软件是应用 Java 程序语言编写的应用程序，可以读取常见的文献数据格式。CiteSpace 软件融合了聚类分析、社会网络分析、多维尺度分析等方法，侧重于探测和分析学科研究前沿的演变趋势、研究前沿与其知识基础之间的关系，以及不同研究前沿之间的内部联系。CiteSpace 软件在设计之初是通过基于文献的共被引分析方法来挖掘引文空间中的潜在知识[64]。随着不断更新发展，CiteSpace 现具有多种功能，除文献共被引分析外，还包括合作网络分析、共词分析、作者共被引分析、文献耦合分析、地理空间可视化等。CiteSpace 在实际应用中科学有效而又简单易用，且具有丰富而美观的可视化效果，因此在国内外信息科学领域得到了广泛的应用。

2. 数据来源及样本筛选

本书的数据来源于全球最大、覆盖学科最多的综合性学术信息资源库 Web of Science（以下简称 WOS）。为了获得管理学科顶级的学术文献数据，我们选择 Web of Science Core Collection 作为数据库。而在期刊选择方面，通过将 2016 年英国《金融时报》（*Financial Times*）评选的管理学领域 50 份权威期刊（以下简称 FT50），与 2019 年 6 月出版的《期刊引用报告》（*Journal Citation Reports*，JCR）中管理学领域平均影响因子前 50 名的期刊进行交叉对比（期刊名单详见附录Ⅰ与附录Ⅱ），选择在两份榜单中同时出现的期刊作为数据源。

FT50 最初发布于 2003 年，当时入选的期刊数目仅有 40 本，2010 年进行了修订，将期刊的数量增加到 45 本，并于 2016 年对 2010 年推出的期刊名单进行了更新，期刊的数目从 45 本增加到 50 本，FT50 现在已经成为公认的经济管理类国际权威期刊目录；JCR 报告对收录的期刊之间的引用和被引用数据进行统计、运算，定义了不同期刊的影响因子。期刊的影响因子是指该刊前两年发表的文献在当年的平均被引用次数，一种刊物的影响因子越高，也就说明其刊载的文献被引用率越高，说明这些研究成果影响力越大，也可以反映出该刊物的学术水平越高。期刊的影响因子现已经成为一种被普遍接受的期刊评价工具，图书馆可根据 JCR 提供的数据制定期刊引进政策；论文作者可根据期刊的影响因子排名决定投稿方向。

对 FT50 和 JCR 报告交叉对比的做法，既可以全面选择顶级的管理学期刊，又可以避免因人为选择样本数据而造成的非科学问题。最终本书选择出 7 份期刊作为研究样本，分别是：*Academy of Management Review*（AMR）、*Administrative Science Quarterly*（ASQ）、*Harvard Business Review*（HBR）、*Journal of Management*（JM）、*Journal of Management Studies*（JMS）、*Research Policy*（RP）、*Strategic Management Journal*（SMJ），文献具体数量如表 1 所示。

表 1　期刊目录

期刊名称	数量
Academy of Management Review	1077
Administrative Science Quarterly	1453
Harvard Business Review	7055
Journal of Management	1448
Journal of Management Studies	1809
Research Policy	3067
Strategic Management Journal	2451
总计	18360

3. 数据下载与数据处理

在检索文献方面，基于本部分的研究目的是梳理相关学者在百年间贡献的知识基础与其所形成的知识结构。本书尽量全面地搜集管理学研究文献进行分析，因此将检索期限定为 1900 ~ 2019 年，文献类型为 "Article（论文）"，学科类别设定为 "Management（管理学）"，语言设定为 "English"。基于上述条件，在 WOS 数据库中共检索到 18360 篇研究文献，包括 295031 条引文记录。以纯文本的格式下载上述文献的数据，数据内容包括：Full Record 和 Cited References，统一以 "Download" 为开头，并以 ". txt" 作为结尾，保存成文本库，以此构成本书所使用的原始数据。

在文献年份收录数量方面，在 WOS 数据库中，1990 ~ 1929 年收录论文 409 篇，1930 ~ 1959 年收录论文 1613 篇，1960 ~ 1989 年收录论文 4909 篇，1990 ~ 2019 年收录论文 11429 篇。总体来看，1900 ~ 2019 年世界上管理学研究论文数量呈显著上升趋势，如图 2 所示，这样的变化也验证了经济形态的变化和管理实践的要求决定了管理学科的演变发展，而管理学理论也承担着促进经济发展和企业转型的使命，理论与现实之间相互融合、相互推动[10]。

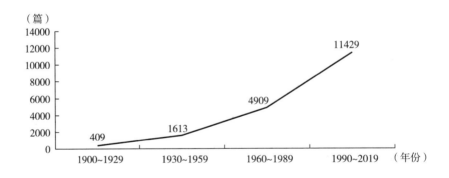

图 2　年代文献分布情况

原始数据下载完成后，需要对相关数据进行标准化处理。标准化处理主要分为两部分：首先是针对文献数据的除重，本书使用 CiteSpace 自带的数据除重功能 Remove Duplicates（WoS），除重后结果如图 3 所示；其次是对相关文献数据的统一化处理，由于引用格式的不同，可能会导致同一篇文章的索引信息内容出现差异。例如，杰伊·巴尼的名字会出现 Barney J.、Barney J. B.、

Barney B. 等不同的写法。针对这个问题，本书使用 CiteSpace 的合并节点功能（Add to Alias List），对不同写法的相同文献进行统一化处理。

图 3　CiteSpace 除重结果

三、实证研究与结果分析

（一）管理学的知识基础与知识结构

　　研究领域的知识基础与学科结构是由原始数据中的被引文献组成的[65]，对知识基础的聚类和演变研究是辨析研究前沿的基础，能够揭示研究前沿演变的重要知识转折点，并明确研究前沿之间的关联[66]。本书在此部分将使用之前确定的数据样本，用于绘制基于文献共被引网络的管理学研究领域的知识图谱，通过图谱内容以及相关文献计量数据，分析管理学的知识基础和知识结构。

　　具体参数设置以及操作方式如下：时间分割（Time Slicing）设置为1900～2019年，每一分割内（Years Per Slice）设定为1年；主题词来源（Term Source）同时选择标题（Title）、摘要（Abstract）、作者关键词（Author Keywords）和提取关键词（Keywords Plus），主题词类型（Term Type）同时选择Noun Phrases和Burst Terms，节点类别选取Reference，阈值选择以TOP50为阈值，其余时段切割值由线性插值赋值。运行CiteSpace软件得到可视化网络相应的网络时区图。

　　通过对图谱中显示的节点信息所指代的文献主题内容，进行总结与归纳分析，本书标记出了六个主要的聚类。根据不同聚类的主题和研究内容，本书定义六个聚类的主题分别是组织理论、战略理论、代理理论、社会网络分析理论、知识管理理论、战略联盟理论，如图4所示。

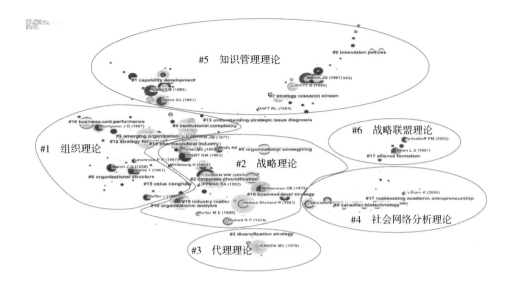

图 4　管理学知识图谱主题聚类结构

关键节点主要依据频率高于 100，同时中心度大于 0.03 的标准进行筛选。接下来将对构成六个聚类以及构成聚类的关键节点进行具体阐述。

1. 组织理论

斯科特认为，组织是现代社会追求集体目标的重要机制，不同的研究视角对组织有着不同的定义[67]。在主题聚类结构图谱中，March J. G.（1958）、Burns T.（1961）、Lawrence P. R.（1967）、Thompson J. D.（1967）、Meyer J. W.（1977）、Pfeffer J.（1978）等关键节点文献联结构成了组织理论的聚类，如表 2 所示。

表 2　组织理论文献共被引网络关键节点文献信息

频率	中心度	作者	年份	来源
793	0.08	Pfeffer J.	1978	*External Control Org*
608	0.03	Dimaggio P. J.	1983	*Am Sociol Rev*
394	0.06	Meyer J. W.	1977	*Am J Sociol*

频率	中心度	作者	年份	来源
514	0.06	Thompson J. D.	1967	*Org Action*
246	0.12	Burns T.	1961	*Management Innovatio*
554	0.03	March J. G.	1958	*Organizations*
179	0.55	Aldrich H. E.	1979	*Org Env*
157	0.57	Child J.	1972	*Sociology*
156	0.08	Hofer C. W.	1978	*Strategy Formulation*

人们对组织的兴趣早已有之，但组织研究直到20世纪50年代才成为一个独立的学术领域[67]。1958年，詹姆斯·马奇（March J. G.）与赫伯特·西蒙（H. A. Simon）合作出版《组织》（*Organizations*）一书，被认为是宣告组织形成独立研究领域的重要标志[68-69]。决策作为现代组织和管理中的重要一环，是马奇和西蒙建立"决策组织理论的结构"的主线，亦是区别于一般"组织结构的理论"的重要特征。西蒙将决策理论引入组织管理研究，提高了组织管理中决策问题研究的科学化程度，同时也奠定了赫伯特·西蒙作为决策管理学派代表人物的重要地位。

康奈尔大学工商与公共行政学院教授詹姆斯·汤普森（Thompson J. D.）的《组织在行动》（*Organizations in Action*）一书是图谱中的又一关键节点，该书是汤普森作为权变理论创始人最重要的著作。本书以对不确定性和理性的探讨为基础，探讨了组织应该如何针对环境要素、技术、目标、内外依赖等建立具备适应性的组织结构和行为模式。本书对于组织理论的发展起到了承前启后的作用，是组织理论发展的一个重要里程碑，对社会学、管理学、经济学和心理学在组织理论领域的发展进行了总结、整合和拓展[70]。

霍华德·奥尔德里奇（Aldrich H. E.）1979年出版的《组织与环境》（*Organizations and Environments*）一书也成为组织理论的关键节点。该书主要对组织变革与进化进行了解释。奥尔德里奇构建和使用了一个能够描述组织与其环境之间关系的进化模型，这个模型通过关注变化、选择、保留和斗争的过程来解释组织的变化。奥尔德里奇所构想的"环境"并不是简单的外部环境要素，而是资源、权力、政治要素以及其他组织的集合。众多学者和商业人员验证了奥尔德里奇的进化模型的合理性，该书已然成为组织理论中的经典著作[71]。

斯坦福大学组织行为学教授杰弗瑞·菲佛（J. Pfeffer）对资源依赖（Resource Dependence Theory）、行知差距（Knowing – Doing Gap）等理论发展做出了卓越贡献。1978 年菲佛与杰勒尔德·萨兰基克（G. R. Salancik）合作出版了专著《组织的外部控制：对组织资源依赖的分析》（*The External Control of Organizations：A Resource Dependence – Perspective*），书中开创性地提出了资源依赖理论，探讨了外部限制条件对组织的影响。他们认为，组织虽受环境与资源的制约，但是组织通过发挥自主性与能动性能够抵消环境的不确定性甚至改变所处环境。资源依赖理论在组织理论中自成一家，对其他的组织理论颇具影响[72]。

社会学家约翰·迈耶（J. W. Meyer）是组织新制度理论发展过程中重要的贡献者。迈耶认为组织采用新制度与流程是为了维护其合法性。1977 年，迈耶与教育学学者布莱恩·罗万（B. Rowan）发表的论文《制度化的组织——作为神话与仪式的正式结构》（*Institutionalized Organizations：Formal Structure as Myth and Ceremony*）奠定了新制度理论的基础。在该论文中，迈耶与罗万分析了在制度化的环境里，各个组织结构逐渐趋同的现象。他们提出组织为了在高度制度化的环境里提高生存概率，会与环境趋同以获得合法性、外部资源与稳定性[73]。在迈耶与罗万研究的基础上，美国社会学家保罗·迪马吉奥（P. DiMaggio）与沃尔特·鲍威尔（W. W. Powell）进一步探讨了组织趋同过程。1983 年，迪马吉奥与鲍威尔在论文《重新审视铁笼：组织领域的制度同构与集体理性》（*The Iron Cage Revisited：Institutional Isomorphism and Collective Rationality in Organizational Fields*）中提出了三种组织趋同过程：强制趋同、模仿趋同与规范趋同。他们基于组织所处的不同条件，对组织趋同程度提出多种假设，为新制度主义的发展奠定了理论根基。组织理论现已成为管理学科的支柱型知识群[74]。

2. 战略理论

"战略"最早是军事用语，1965 年安索夫在《企业战略》中首次引入"战略管理"一词，从军事领域拓展到经济管理活动，认为企业战略的核心是由环境、战略、组织三要素构成的基本框架。在主题聚类结构图谱中，Alfred D. Chandler（1962）、Raymond E. Miles（1978）、Jay B. Barney（1986）、Cohen W. M.（1990）、Jay B. Barney（1991）等关键节点文献联结构成战略理论的聚类，如表 3 所示。

表 3　战略理论文献共被引网络关键节点文献信息

频率	中心度	作者	年份	来源
25	0.65	Alfred D. Chandler	1962	*Strategy Structure*
255	0.12	Raymond E. Miles	1978	*Org Strategy Structure*
99	0.69	Jay B. Barney	1986	*Management Science*
836	0.04	Cohen W. M.	1990	*Admin Sci Quart*
788	0.23	Jay B. Barney	1991	*J Manage*
122	0.05	Finkelstein S.	1996	*Strategic Leadership*

艾尔弗雷德·钱德勒（A. D. Chandler）于 1962 年出版的《战略与结构：工业企业史的考证》（*Strategy And Structure：Chapters in the History of the American Industrial Enterprise*）首开战略研究之先河，在这本著作中，钱德勒分析了环境、战略、组织之间的相互关系，提出了"结构随战略调整"的观点[75]。钱德勒对企业战略的研究启发了后续的众多学者，是公认的战略理论先驱。

加州大学伯克利分校工商管理学教授雷蒙德·迈尔斯（R. E. Miles）提出了一种战略性框架，将战略的影响因素指向外部环境，认为成功的战略应与企业所处的环境、技术、结构相吻合。1978 年，迈尔斯与查尔斯·雪诺（C. C. Snow）共同发表的论文《组织战略、结构和过程》（*Organizational Strategy Structure and Process*），是文献图谱中的一个关键节点。指出组织置身于外部影响与外部关系构成的环境中，需要采取适当措施应对这些环境条件，他们将这一过程定义为适应性周期（Adaptive Cycle），在适应性周期中企业需要解决创业问题（Entrepreneurial Problem）、工程问题（Engineering Problem）、管理问题（Administrative Problem），并基于此提出四类基本战略：防御者（Defenders）战略、探索者（Prospectors）战略、分析者（Analyzers）战略和反应者（Reactors）战略[76]。迈尔斯和雪诺从外部环境角度探究战略制定，其提出的分析方法和战略分类为后续研究者探讨企业的战略方向和竞争模式提供了一个较为完善的研究框架。

杰伊·巴尼（J. B. Barney）是国际战略管理权威专家之一，是企业资源本位观理论的主要奠基人，被多数学者公认为"现代企业资源观（RBV）之父"。图谱中的关键节点为 1986 年巴尼发表的《战略要素市场：期望、运气和商业战略》（*Strategic Factor Markets：Expectations，Luck，and Business Strategy*）一文。这篇文章体现了巴尼的早期资源观，首次提出了战略要素市场的概念，指出战略选择应该侧重对其独特技能和能力的分析，而不是对其竞争环境的分析[77]。另一个关键节点是 1991 年巴尼发表的《企业资源与持续竞争优势》（*Firm Resources and Sustained Competitive Advantage*），文中强调要素市场对战略的影响，提出企业获得竞争优势的异质性资源必须满足四个条件：VRIN，即有价值的（Valuable）、稀缺的（Rare）、不能完全复制的（In‑imitable）、不可替代的（Non‑substitutable）。巴尼认为资源的异质性是企业获得持续竞争优势的关键所在，奠定了战略角度的资源基础理论[78]。另外，巴尼将战略影响因素从企业外部转向企业内部，转向要素市场的资源及其特质，体现了战略理论发展过程的一次转变。

韦斯利·科恩（W. M. Cohen）是杜克大学福夸商学院工商管理教授。在图谱中的关键节点是 1990 年科恩与丹尼尔·A. 列文森（D. A. Levinthal）合作发表的论文《吸收能力：关于学习与创新的新视角》（*Absorptive Capacity：A New Perspective on Learning and Innovation*）。在该论文中，科恩和列文森将吸收能力（Absorptive Capacity）定义为识别、评价、消化及商业化应用外部知识的能力，企业的吸收能力及其对创新绩效的影响存在知识积累性和路径依赖性[79]。战略管理理论资源学派的学者借鉴吸收能力这一概念，为战略管理理论研究提供了新的独特的研究视角。

悉尼·芬克尔斯坦（S. Finkelstein）是领导力领域世界级学者，长期致力于研究"好企业"和"聪明的管理者"。1996 年与唐纳德·汉布里克（D. C. Hambrick）出版的《战略领导力：高层管理人员及其对组织的影响》（*Chief Executive Compensation：A Study in the Intersection of Markets and Political Processes*）也是图谱中的关键节点文献。书中二人在整合战略领导的大量文献基础上，提出战略领导的范围包括个人高管（特别是 CEO）、高管群体（最高管理团队或 TMT）和理事机构（特别是董事会），讨论了一系列关于 CEO 的主题（如价值观、个性、动机、人口、继承和薪酬）、TMT（包括组成、过程和动态）以及董事会（为什么董事会以他们的方式看待和行事，以及董事会概况和行为的后果），战略领导力为研究企业中的领导指出了新的研究方向[80]。

3. 代理理论

位于图谱最下面的区域是代理理论。代理理论（Agency Theory）涉及企业资源的提供者与资源的使用者之间的契约关系，主要研究企业内部存在的两权（所有权与控制权）分离带来的代理问题，具体可分为代理成本理论和委托—代理理论。在主题聚类结构图谱中，Jensen M. C.（1976）、Fama E. F.（1980，1983）、Eisenhardt K. M.（1989）等关键节点文献联结构成了代理理论的聚类，如表 4 所示。

表 4　代理理论文献共被引网络关键节点文献信息

频率	中心度	作者	年份	来源
466	0.04	Jensen M. C.	1976	*J Financ Econ*
122	0.07	Fama E. F.	1980	*J Polit Econ*
142	0.03	Fama E. F.	1983	*J Law Econ*
107	0.03	Eisenhardt K. M.	1989	*Acad Manage Rev*

迈克尔·詹森（Jensen M. C.）是横跨经济学和公司财务与治理两大领域的大师级学者，除了在资本市场理论中有举足轻重的地位外，他还在公司控制

理论和资本结构理论方面做了开创性工作，是代理经济学的创始人之一。图谱中的一大关键节点是 1976 年，詹森和威廉·麦克林（W. Meckling）共同发表论文《企业理论：管理行为、代理成本和所有权结构》（*Theory of the Firm：Managerial Behavior，Agency Costs and Ownership Structure*），讨论投资和融资决策中代理问题[81]。这篇论文中吸收了代理理论、产权理论和财务理论，首次提出了代理成本（Agency Costs）的概念和企业所有权结构理论（Ownership Structure Theory），把代理成本定义为委托人的监督支出、代理人的保证支出以及因代理人决策与使委托人福利最大化的决策存在偏差而使委托人遭受的福利损失的总和。该文也成为代理理论领域引用度最高的经典论文之一。

尤金·法玛（E. F. Fama）是全世界引用率最高的经济学家之一、金融经济学领域的思想家，也是 2013 年诺贝尔经济学奖获得者。受迈克尔·詹森的影响，法玛在 20 世纪 70 年代末开始由金融经济领域转向代理问题的研究。1980 年，法玛在这一领域的处女作《代理问题与企业理论》（*Agency Problems and the Theory of the Firm*）中将管理与承担风险两种职能归为企业家，将企业视为一系列契约的集合，企业因受到其他企业的竞争的约束，被迫成为改进、监督整个团队以及独立个体业绩的工具[82]，这篇文章也是图谱中影响广泛的关键节点。此后，法玛还研究了代理问题与剩余索取权问题，分析不同的组织形式所具有的剩余索取权的特征，作为控制不同组织所特有的代理问题的有效方法制度，得出了关于各类组织在生产活动中能够生存下来的剩余索取权条件。另外一个关键节点是法玛与哈佛商学院的迈克尔·詹森 1983 年合著发表于《法律与经济》杂志的论文《所有权与控制权的分离》（*Separation of Owner-ship and Control*），分析了那些不承担决策所带来的财富效应的决策主体所在的组织的存在[83]。指出在这些组织中，决策职能和风险承担职能的分离，一方面是因为决策管理和风险承担专业化，另一方面得益于控制隐含代理问题的有效结构和机制与即时决策与执行分离。这些研究在公司代理与动机问题的微观经济理论方面画上了浓墨重彩的一笔。

凯瑟琳·艾森哈特（Kathleen M. Eisenhardt）于 1989 年发表的论文《代理理论评析》（*Agency Theory：An Assessment and Review*），是图谱中的又一关键

节点。这篇文章回顾了代理理论对组织理论的贡献，并结合现有的实证研究提出了可检验的命题，其认为代理理论提供了对信息系统（Information Systems）、结果不确定性（Outcome Uncertainty）、激励（Incentives）和风险（Risk）的独特见解[84]。这一研究从经验性有效的视角将代理理论与实践结合，进一步深化了该领域的研究内容。

4. 社会网络分析理论

处于图谱右下角与战略理论相连的图谱区域是社会网络分析。社会网络分析最初是社会学理论的一个分支，是由社会学家根据数学方法、图论等发展起来的定量分析方法。近年来，许多经济学、管理学等领域的学者发现在知识经济时代，社会网络分析可以解决众多传统理论难以解决的新问题，如企业知识管理、创新转移、企业组织形式等。在主题聚类结构图谱中，Powell W. W.（1996）、Burt R. S.（1992）、Uzzi B.（1997）、Granovetter M. S.（1973）等关键节点文献联结构成了社会网络分析理论的聚类，如表 5 所示。

表 5　社会网络分析文献共被引网络关键节点文献信息

频率	中心度	作者	年份	来源
276	0.07	Powell W. W.	1996	*Admin Sci Quart*
217	0.03	Burt R. S.	1992	*Structural Holes Soc*
214	0.26	Uzzi B.	1997	*Admin Sci Quart*
126	0.03	Granovetter M. S.	1973	*Am J Sociol*

根据图谱我们发现与战略管理相连接的关键节点是格拉诺维特（M. S. Granovetter）1973 年发表的论文《弱连接的优势》（*The Strength of Weak Ties*），文中提出了著名的弱连接理论，该理论认为与一个人的工作和事业关系最密切的社会关系并不是"强连接"，而常常是"弱连接"[85]。"弱连接"在成本和传播效率方面优势极大。与这篇文章相连接的节点是著名制度经济学家威廉姆森（Williamson），他在《市场与层级制：分析与反托拉斯含义》一书中分析了企业规模的边界问题，但其分析没有摆脱去社会化的概念，漠视了社会关系

的作用[86]，但格拉诺维特从其忽视的角度出发实证论证了社会关系的普遍存在以及它对市场与科层组织问题产生的影响，形成了独特的嵌入型理论，该理论也成为新经济社会学的代表之作，促进了网络分析的理论化和体系化。

该区域的另一关键节点是伯特（Burt R. S.）出版的《结构洞：竞争的社会结构》（*Structure Holes：The Social Structure of Competition*），该书的出版是对社会网络分析的继承和进一步发展，该书在吸收"弱连接"假设等研究成果基础上，发展出独特的"结构洞"理论，形成了企业组织分析的网络结构视角中最为完善的模式[87]。与伯特处于同时期的关键节点还有乌西（B. Uzzi）和沃尔特·鲍威尔（Powell W. W.），二者逐步将视角聚焦于企业特定的问题，乌西在《企业网络中的社会结构与竞争：嵌入性悖论》（*Social Structure and Competition in Interfirm Networks：The Paradox of Embeddedness*）一文中分析了嵌入性悖论[88]，尽管格拉诺维特之前分析了嵌入关系带来的负面作用，但是并没有对此做深入探讨，乌西则推进了嵌入理论的发展。鲍威尔则以社会学角度对制度模式与社会结构形式之间的关系提出了深刻的看法[89]。目前，社会网络分析已经成为管理学领域中一个重要的知识群。

5. 知识管理理论

位于图谱顶端的区域为知识管理理论。知识管理（Knowledge Management）是指在组织内创造、分享、使用与管理知识与信息的过程。知识管理旨在建立企业竞争的优势、提升创新能力与整合、分享知识的能力，提高企业业绩以促进企业的长久进步。在主题聚类结构图谱中，Teece D. J.（1997）、Henderson R. M.（1990）、Kogut B.（1992）、Tushman M. L.（1986）等关键节点文献联结构成了知识管理理论的聚类，如表6所示。

表6　知识管理理论文献共被引网络关键节点文献信息

频率	中心度	作者	年份	来源
477	0.16	Teece D. J.	1997	*Strategic Manage J*
340	0.07	Henderson R. M.	1990	*Admin Sci Quart*

频率	中心度	作者	年份	来源
379	0.05	Kogut B.	1992	*Organ Sci*
302	0.04	Tushman M. L.	1986	*Admin Sci Quart*
220	0.24	Hannan M. T.	1984	*Am Sociol Rev*
261	0.15	Levitt B.	1988	*Annu Rev Sociol*
273	0.1	Levinthal D. A.	1993	*Strategic Manage J*

美国经济学家、管理学家大卫·蒂斯（Teece D. J.）是技术创新管理、战略管理等领域的常青树，其开创的动态能力理论是管理学发展的里程碑，也是其最突出的学术成就。1997 年，蒂斯等发表的《动态能力与企业战略》（*Dynamic Capabilities and Strategic Management*）一文，将动态能力定义为"企业整合、搭建、配置内外部资源以适应环境变换的能力"，提出了动态能力分析框架，可用其评估企业内外部资源与盈利方法[90]。动态能力理论是企业资源基础观的动态拓展，汲取了核心竞争力、企业知识架构、组织常规化等思想的精华，帮助企业在快速变化的环境中持续保持优势。

1990 年美国经济学家丽贝卡·亨德森（R. Henderson）与金·克拉克（K. B. Clark）合作发表的《架构创新：现有产品技术的重构和老牌企业的失败》（*Architectural Innovation*：*The Reconfiguration of Existing Product Technologies and the Failure of Established Firms*）为另一关键节点[91]。此文奠定了架构创新理论的基础，此文聚焦于产品创新领域，归纳了技术创新的四种形式（渐进性创新、架构性创新、模块化创新、突破性创新），阐述了架构创新是原有体系推翻重构的本质。

布鲁斯·科格特（Kogut B.）与乌多·赞德（Zander U.）合作发表的《企业知识、能力组合与技术复制》（*Knowledge of the Firm*，*Combinative Capabilities*，*and the Replication of Technology*）是知识基础理论的经典之作[92]。知识基础理论（Knowledge – based Theory of the Firm）是资源基础观（Resource – based View）的拓展，把"知识"看作企业最重要的战略资源。基于知识基础理论，科格特与赞德提出组织内部有效地创造与传递知识是企业实现飞跃发展的一条有效路径。

组织学习理论也是知识管理领域的重要分区，组织学习是指组织从既有经验中学习，抽象出理论框架与范式以指导组织的日常规范的过程。根据组织学习理论的观点，经验可以创造知识，这种知识可指导企业提升组织的方方面面。芭芭拉·莱维特（B. Levitt）与詹姆斯·马奇（March J. G.）于 1988 年发表的论文《组织学习》（*Organizational Learning*）是一篇基于组织学习理论的文献综述，二人对组织学习理论做了系统性的梳理[93]。

6. 战略联盟理论

位于图谱右边的区域是战略联盟理论，战略联盟（Strategic Alliance）这一概念起源于日本，而后被美国企业家争相运用。自 20 世纪 80 年代起，战略联盟数量激增，人们发现，通过战略联盟可以实现资源和能力共享，促进企业快速成长，战略联盟也因此被称为"20 世纪末最重要的组织创新"。随着战略联盟实践的蓬勃发展，学术界也对战略联盟展开了深入研究，在主题聚类结构图谱中，Gary Hamel（1991）、Ranjay Gulati（1995）、Yves L. Doz（1996）、T. K. Das（1998）等关键节点文献联结构成了知识管理理论的聚类，如表 7 所示。

表 7　战略联盟理论文献共被引网络关键节点文献信息

频率	中心度	作者	年份	来源
48	0.1	Kogut B.	1988	*Strategic Manage J*
61	0.09	Hamel G.	1991	*Strategic Manage J*
120	0.02	Gulati R.	1995	*Acad Manage J*
19	0.04	Doz Y. L.	1996	*Strategic Manage J*
12	0.03	Das T. K.	1998	*Acad Manage Rev*

西北大学凯洛格管理学院教授拉尼·古拉蒂（R. Gulati），致力于企业之间的合作战略的研究，尤其在战略联盟方面造诣颇深。在 1995 年发表的《熟悉培育信任吗？重复联系对联盟中合同选择的影响》（*Does Familiarity Breed*

Trust? The Implications of Repeated Ties for Contractual Choice in Alliances）一文中，古拉蒂引入社会学中的信任要素，对19年间各行业企业间战略联盟的合同进行了实证研究，结果发现企业之间战略联盟选择的合同治理结构并不完全取决于合伙企业所包含的活动及其相关的交易成本，相反，这种选择还取决于组织之间通过反复联系而建立的信任[94]。基于信任视角展开对战略联盟的研究，达斯（T. K. Das）和滕炳生（Bing－Sheng Teng）1998年共同发表的文章也成为战略联盟的关键节点，在《在信任与控制之间：建立联盟合作伙伴合作的信心》（*Between Trust and Control：Developing Confidence in Partner Cooperation in Alliances*）一文中，他们提出信任和控制在企业间联盟系统中是互为补充的关系，同时加强联盟成员之间的信任对于解决联盟系统中的合作冲突至关重要[95]。也因此，信任是维持企业战略联盟稳定性的一种机制这一观点得到众多学者认同。

美国战略大师加里·哈默尔（G. Hamel）在1990年首次提出了核心竞争力理论，这一理论对企业战略布局和战略重心的变化产生了重要影响。在战略联盟聚类图谱中的另一重要节点是哈默尔（Gary Hamel）在1991年发表的文章《国际战略联盟中的能力竞争和合作伙伴学习》（*Competition for Competence and Inter－partner Learning within International*）[96]。在对战略联盟的研究中，哈默尔延续了企业核心竞争力观点，认为结盟是合作伙伴间相互交换、学习和获取技能的行为，有利于增强企业核心能力，但学习能力的不对称性会导致合作伙伴间相对竞争优势的转变，使合作伙伴成为竞争者。欧洲工商管理学院伊夫·多兹（Y. Doz）1996年的论文《战略联盟中合作的演变：初始条件还是学习过程？》（*The Evolution of Cooperation in Strategic Alliances：Initial Conditions or Learning Processes？*）中同样强调了学习对战略联盟合作伙伴的重要性，他认为成功的联盟是高度发展的，并经历了一系列互相学习、重新评估和调整的周期[97]。哈默尔和多兹对战略联盟的研究更侧重联盟内部合作伙伴之间技能的学习和知识的转移，形成了企业独特的核心能力，以增强内部和外部的竞争优势。

（二）管理学演进路径与理论变迁

管理学的发展是一个渐进的过程，并不会凭空突然产生全新的理论。一个新的理论必然与传统经典理论之间存在千丝万缕的联系，为了进一步分析主干理论知识结构演进的逻辑关系，本书需要以时序视角对管理学进行梳理。

CiteSpace 作为知识发现和知识挖掘的工具，可以方便地提供特殊节点的查找和突出显示，以此来发现不同理论之间的知识流动。本书通过使用 CiteSpace 的 Citation burst、Spotlight 以及 Link walkthrough 功能对管理学百年历程进行梳理。本书的文献共被引关键路径网络是通过 PathFinder 算法对第一部分文献聚类网络进行修剪与合并形成的。通过使用 CiteSpace 软件的 Spotlight 功能，得到突出关键节点的关键路径演进网络。在此基础上，通过分析每个阶段背后主要的内容，对主干理论演进的主要路径进行了标注，展现了理论发展的主体过程。

本书以十年为一个周期阶段，对 1960～2019 年进行理论阶段的划分，这种划分大致与管理学的实践发展阶段相符。之后在划分的时间阶段内，结合使用 Citation burst 和 Link walkthrough 功能，对关键节点文献进行分析。Citation burst 是指引用量突现上升的节点，这类节点通常代表某一研究领域的转变，分析这些节点有利于研究相关理论热点及热点之间的转化；而 Link walkthrough 是由 CiteSpace 提供的文献首次共被引连线颜色加深的功能，通过点击不同的年份，可以将各年的连线按时间顺序遍历（Traversal），以展示理论发展的演进过程。

由于 1960 年之前的文献数据量较少，Link walkthrough 首次共被引连线出现于 1969 年，为了保证主干知识结构演进的完整性，需要对 1960 年前的管理学发展进行定性梳理。

1. 1960 年前：古典管理理论与行为科学理论

管理实践活动的出现最早可以追溯到人类文明的早期阶段，但管理思想作为知识体系的发展却是在工业革命之后才正式拉开帷幕。工业革命前，人类社会的经济活动规模普遍较小，生产方式主要为家庭包工制及手工业行会，此时"管理"作为生产要素的重要性还未得到体现。随着蒸汽机的出现，早期工厂逐渐成形，管理出现了新的需求。在解决这种需求的过程中，涌现出一批包括罗伯特·欧文（R. Owen）、查尔斯·巴比奇（C. Babbage）在内的管理先驱，为其后管理学科的形成播下了种子。随着工业革命进程的加深，改进管理水平以协调多种生产要素的需求日渐迫切，以科学管理为代表的管理思想体系应运而生。

（1）古典管理理论：变经验为科学。

《科学管理原理》的发表标志着管理学从经验走向科学，也开启了一个注重追求效率与系统化的管理时代。泰勒认为管理的首要目标是保障雇主最大限度的富裕，同时也使工人实现最大限度的富裕[98]，其研究主要围绕如何提高工厂中劳动者的生产率展开。泰勒在管理工厂的亲身实践中，对工时与效率问题进行了深入研究，致力于使工人掌握标准化的操作方法，并以差别计件工资制与职能工长制激励监督工人的生产劳动，打造了被广为应用的任务管理系统。泰勒的管理思想对后世产生了极为深远的影响，成功开启了一场科学管理的时代运动。

与科学管理之父泰勒同时代的管理学奠基人还有亨利·法约尔（H. Fayol）与马克斯·韦伯（M. Weber）。同泰勒一样，法约尔亦是工程师出身，在实践中收获了对管理的独特看法，也是首位正式阐述管理要素与原则的管理者。法约尔凭借著作《工厂管理和一般管理》（*General and Industrial Management*）一举奠定了"法约尔主义"在管理学中的重要地位，从高层管理的视角出发，首次将生产活动中零散的想法总结成一般管理原则[99]，并因其开创性的战略思维被誉为"现代经营管理之父"。马克斯·韦伯则以社会学研究著称，其受家庭浓厚的政治氛围影响，对法学及经济学等学科都有涉猎。韦伯从宏观视角分析了社会组织的经济政治结构，认为提高劳动生产率最行之有效的方式应是建立一种高度结构化的、正式且非人格化的"理想的行政组织体系"，他也因对官僚制组织理论的研究被后人称为"组织理论之父"。

从学科角度来看，由于工程师常常接触到管理实践信息的第一手信息，这一时期为管理思想发展做出重要贡献的许多人都是工程师出身，早期科学管理理论的发展也深受工程师的工科思维影响。同时，经济学及社会学的相关知识也对古典管理理论的发展与成熟做出了可观贡献，前者为科学管理提供了"经济人"的假设、管理作为"生产第四要素"的视角，启示了"规模经济"对降低成本的重要意义[35]；后者则在组织结构方面影响颇深，并随着工业管理教育的发展，同心理学一起塑造了管理的行为科学时代。

（2）行为科学理论：经济人转向社会人。

科学管理时代将工人视为组织的工具，强调效率而忽视了对人性的关怀，随着工人自我意识的觉醒与提高，科学管理理念使资本主义社会矛盾日益加剧。此时，研究人的本性与需要以及注重生产中人际关系的行为科学理论应运而生。

一般认为，行为科学时代开端于著名的霍桑实验。1924 年，乔治·梅奥（G. E. Mayo）在美国的霍桑工厂先后进行了照明实验、福利实验、访谈实验及群体实验四组实验，对工作条件与生产效率的关系进行了深入考察[100]。在实验的基础上，梅奥创立了人际关系学说，肯定了工人作为"社会人"的社会需要与情感需求，并发现了具有强凝聚力与心理协调性的非正式组织的存在及价值。梅奥为行为科学奠定了坚实基础，行为科学的后期研究主要集中在人的动机与激励、同企业管理有关的"人性"问题、企业中非正式组织与人际关系问题以及企业中领导方式问题四大方面[101]。

在人的动机与激励研究中，亚伯拉罕·马斯洛（A. H. Maslow）提出的需求层次理论极有代表性，他认为人的需求分为生理、安全、社交、尊重与自我实现五个层次，管理者应根据员工的不同需求灵活制定激励措施。弗雷德里克·赫茨伯格（F. Herzberg）则提出了"保健因素—激励因素"的双因素理论，认为保健因素可预防员工产生不满，而激励因素可使员工感到满意，管理者应具备识别可保障职工满意因素的能力。在企业管理中的"人性"问题研究中，道格拉斯·麦格雷戈（D. M. McGregor）的"X 理论—Y 理论"较为著名，他认为传统管理观点以对工人的强制管束为主，是为"X 理论"，而"Y

理论"则鼓励员工发挥主动性与积极性，是相比传统理论的一大进步，可以确保管理的成功。在非正式组织与人际关系问题研究中，卢因的"团体力学理论"及布雷德福的"敏感性训练"均具有较强的影响力，前者主要论述了包括内聚力、规范、领导方式在内的非正式组织的要素与目标；后者则希望通过提高受训者对自身情感、自身在组织中角色及与他人互相影响关系的敏感性，实现提高生产率、满足个体需求的目标。领导方式方面的研究代表理论当属坦南鲍姆与施密特的"领导方式连续统一体理论"以及利克特的"支持关系理论"，前者认为不同领导方式其实是一个连续的统一体，具体采用哪种方式，应综合考虑管理者、员工及长期战略等多方因素后，再选择出最适于当时当地的领导方式[101]；后者认为管理中的支持关系是相互的，管理者应多关心员工的需要与目标，帮助员工认识到自身的价值与重要性，继而收获员工的支持与信任，较大程度地提高生产率。

行为科学时代在一定程度上可被视为工人自我意识觉醒的时代，整个社会对"人"的关注日益增多，工程科学的影响逐渐减弱，心理学成为了管理领域的核心。这一时期，心理学与社会心理学一同促成了管理心理学的创生与发展，使行为科学研究者大步走进管理领域。尽管行为科学亦未能解决资本主义的基本矛盾，但不可否认这一时期的研究成果让管理对人性有了更准确的把握，也深深地影响了 20 世纪 60 年代后的管理理论研究。

2. 1960～1979 年：组织理论一枝独秀

20 世纪 60 年代，大量社会学家开始介入组织理论的研究以及系统科学应用于管理学，组织理论在这一时期得到了蓬勃的发展。本节通过对这一时期图谱中的关键节点以及关键路径的分析总结，最终归纳出该时期的主要结构为组织决策—组织结构—组织环境。

（1）组织决策。

卡耐基梅隆学派的三巨头——詹姆斯·马奇（March J. G.）、赫伯特·西蒙（H. A. Simon）、理查德·塞尔特（Cyert R.）是组织决策领域的绝对核心。

1958 年，詹姆斯·马奇与赫伯特·西蒙合著的《组织》（*Organizations*）一书宣告了组织作为一个独立研究领域的诞生[102]。该书从人的动机、冲突和有限理性决策等角度开创性地分析组织，试图解决决策与有限理性在组织中的问题。

之后马奇对组织决策模式进行了更深入的分析，并于 1963 年与塞尔特出版了《公司行为理论》（*A Behavioral Theory of the Firm*），进一步发展了经济组织与公共组织的决策模式的研究（见表 8），从企业管理角度分析了企业的行为方式，并进行了组织参与者多重目标间竞争性的研究[103]。如表 8 所示。

表 8　组织决策相关文献引用突现分析

文献作者	年份	突现强度	开始年份	终止年份	1922 ~ 2019 年
March J. G.	1958	56. 0804	1969	1985	
Cyert R.	1963	121. 7996	1969	1997	
R. B. Duncan	1972	20. 67	1975	1991	

罗伯特·邓肯（R. B. Duncan）则以环境的不确定性与决策之间的关系作为角度进行研究[104]。他认为，环境不确定性是决定组织与环境间适应关系的一个重要特征。邓肯对三个制造业和三个研发机构中的 22 个决策组进行了研究，把环境的不确定性按简单—复杂维度（决策必须考虑的环境影响因素的数量）和静态—动态维度（影响组织的环境因素是基本不变还是持续变化）进行划分。结果表明，具有动态复杂环境的决策单元中的个体在决策过程中所经历的不确定性最大。数据还表明，环境的静态动态维度比简单的复杂维度对不确定性的贡献更大。邓肯的研究实际上是组织决策与组织环境主题之间的黏合剂，实现了二者的有机融合。

（2）组织结构。

组织结构一直是管理学研究的热点问题。1960 ~ 1979 年关于组织结构的研究呈现以官僚科层制为代表的封闭系统模型逐步转向以权变组织理论为代表的开放系统模型的趋势[105]（见表9）。

表9 组织结构相关文献引用突现分析

文献作者	年份	突现强度	开始年份	终止年份	1922～2019 年
Crozier M.	1964	26. 7169	1972	1989	
Weber Max	1947	7. 5043	1974	1977	
Burns T.	1961	15. 1071	1989	1997	
Pugh D. S.	1968	25. 0716	1973	1986	
Blau P. M.	1971	27. 3962	1973	1987	
Pugh D. S.	1969	10. 9215	1973	1976	

关于组织结构的研究主要发端于组织理论之父马克斯·韦伯1921年的《社会与经济组织》（*The Theory of Social and Economic Organization*），开创性地提出了行政组织管理理论，并对科层制组织的权力等级、专业化分工、工作程序等组织结构特征进行了描述[106]。

组织结构方面的重要文献是汤姆·伯恩斯（Burns T.）的《微观政治学：制度变迁的机制》（*Micropolitics*：*Mechanisms of Institutional Change*）（见表9），伯恩斯认为个体与群体既是合作者又是竞争者，而传统组织理论忽视了组织中的冲突行为，他深入探讨了社会交换机制，沟通了组织结构与组织中人的个性的研究[107]。

1971 年奥裔美国社会学家彼得·布劳（Blau P. M.）对不同组织类型的政治结构持续地考察和分析，并将其看成"展示自身规律性"的系统，分析了组织结构的相关决定因素[108]。

米歇尔·克罗齐埃（Crozier M.）和德雷克·皮尤（Pugh D. S.）的学术成果是封闭系统模型转向开放系统模型的关键节点。克罗齐埃的《科层现象》（*The Bureaucratic Phenome*）是组织科层制结构研究方面颇具影响力的著作，克罗齐埃将微观权力分析应用于组织研究，开辟了一种全新研究视角[109]。该书一方面针对古典组织理论中对"权力"的忽视以及片面理解做出了谨慎批判，提出了科层制组织的恶性循环模型，强调了微观权力对组织研究的重要作用。另一方面也对科层制形态和文化背景关联做出了极具洞察力的阐释。英国管理学家皮尤等在 1968 年与 1969 年的论文成果定义了组织结构的维度并且使组织结构的研究从定性走向定量。1968 年的《组织结构维度》（*The Dimensions of Organization Structure*）是经典的组织结构方面的研究论文[110]，该文对组织结构的五个主要维度（Specialization、Standardization、Formalization、Centralization、Configuration）进行了定义，并在英国 52 个不同的工作组织中进行数据搜集，形成了一份由 64 个变量构成的量表。通过比较不同的组织结构特征得出结论：官僚制组织结构类型不再有用。克罗齐埃与皮尤的研究成果，极大地冲击了科层制封闭系统，推动组织结构的创新发展。

（3）组织环境。

20 世纪 60 年代系统论逐步被引入组织理论的研究中，并且成为解释力度最强的工具。美国学者弗里蒙特·卡斯特（F. E. Kast）、理查德·约翰逊（R. A. Johnson）和詹姆斯·罗森茨维克（J. E. Rosengweig）在《系统理论与管理》（*Systems Theory and Management*）中将组织视为一个人造的开放系统，他们认为组织为了寻求生存与发展，必然与外界环境相互影响，组织与外部环境之间是一种吸取反馈的关系，组织必须针对环境的变化不断自我调节，因此对于组织的研究应当从组织环境入手[111]。组织环境日益成为该时期的主导研究理论，牵制着其他领域的研究（见表 10）。

表10　组织环境相关文献引用突现分析

文献作者	年份	突现强度	开始年份	终止年份	1922~2019 年
Lawrence P. R.	1967	92.8071	1969	1993	
Katz D.	1966	33.4054	1973	1985	
Woodward J.	1965	25.6288	1969	1977	
Thompson J. D.	1967	129.9083	1969	1993	
Child J.	1972	8.8725	1973	1976	
Weick K. E.	1969	26.0115	1978	1988	
Weick K. E.	1976	17.2191	1979	1987	

权变理论又是这一时期"组织环境"这一理论核心中的核心。"权变"的意思就是权宜应变。权变理论认为，每个组织的内在要素和外在环境条件都各不相同，因而在管理活动中不存在适用于任何情景的通法，因此在管理实践中组织要根据所处的环境适时而变，让组织更好地与环境相匹配，实际上权变理论是一种"宿命论"——环境决定了企业组织结构及其运作模式。

权变理论的研究是从组织结构方面的研究开始的。权变理论的代表人琼·伍德沃德（Woodward J.）在《工业组织：理论和实践》（*Industrial Organization：Theory and Practice*）一书中提出"技术—组织结构"互动模型[112]，她发现公司的技术类型和相应的公司结构之间存在着明显的相关性，结构因其技术而变化，组织的绩效与技术和机构之间的适应度密切相关，这种适应度便蕴含了权变管理的思想。

权变理论方面的核心文献是保罗·劳伦斯（Lawrence P. R.）和杰伊·洛尔施（Lorsch J. W.）的《复杂组织中的差异化与整合》（*Differentiation and Integration in Complex Organizations*）[113]以及詹姆斯·汤普森（Thompson J. D.）的《行动中的组织》（*Organizations in Action*）[114]（见表10）。两篇文献都试图对"理性系统"和"自然系统"①两个不同研究路径进行综合。劳伦斯和洛尔施提出了"开发系统的视角"，认为在复杂环境中的企业更有可能在结构上高度分化，将更多的资源用于协作，而那些在不太复杂环境中的企业则分化程度低且易于整合，简单来说"理性系统"理论比较适用于稳定的环境，而"自然系统"理论则更适用于动态的环境。所以他们认为"开放系统视角"更为全面，其涵盖了"理性系统"和"自然系统"视角，二者之间的区别并非反映在内在逻辑上，而是反映了研究组织的类型区别。几乎在劳伦斯与洛尔施提出理论的同时，汤普森提出了层次系统模型。他认为理性系统、自然系统以及开放系统三个视角都是正确的，并且可以用于同一个组织，然而这三个视角的力量是不同的，三个视角分别适用于分析组织的不同层次，即"理性系统"适用于技术层，"自然系统"适用于管理层，而"开放系统"适用于制度层。以上两篇核心文献都是权变理论的直观体现。

伴随着权变理论的逐渐完善，越来越多的学者开始质疑权变理论的内核：环境决定了企业组织结构及其运作模式。"战略选择理论"在与"权变宿命论"的论战中诞生了。战略选择理论认为，管理者可以不总是被动地采取适应性反应，而是在相当程度上可以通过主动的战略行为来抵御外界的变化，进而创造或选择环境，由此推动了组织及其运作模式的演进。

挑战权变理论的先锋是美国管理史学家小阿尔弗雷德·钱德勒（A. D. Chandler），1962年他在管理学著作《战略与结构：美国工商企业成长的若干篇章》（*Strategy and Structure：Chapters in the History of the American In-*

---

① "理性系统"和"自然系统"是古尔德纳（A. Gouldner）在1959年对先前组织研究成果内在逻辑的归纳总结，代表着长久间组织研究中存在的分歧。以科学管理和行政管理为代表的"理性系统"把组织视为一个理性的工具，以达到理想的目的，具有实用主义的倾向，强调效率；而以人际关系学派、巴纳德的协作体系为代表的"自然系统"则试图从本质上理解组织，更加注重观念、情感、价值观等非理性因素。

dustrial Enterprise）中他以杜邦、通用等四家企业为主要案例，详细考察了 20 世纪前期美国大企业从直线职能结构向多部门结构转变的过程[115]。钱德勒认为，战略是先于组织机构而出现，公司应首先建立一套战略，然后摸索创建适应战略的结构，最终化为现实，他的名言是"管理方式必须服从组织战略""战略决定组织结构"。钱德勒的研究被认为是战略研究的开端。

英国管理学家约翰·柴尔德（Child J.）将钱德勒的论点又向前推进了一步，他于 1972 年提出了"战略选择"（Strategic Choice）。柴尔德认为，权变理论是错误的，因为它忽略了管理层行为的主动性和自发性，管理人员会采取行动来界定或操纵组织的经营领域。因此，可以不理会或抑制环境因素迫使现有组织结构变化的安排，即组织战略与环境的关系和组织战略与结构的关系是管理者的主观行为[116]。

美国管理学家卡尔·维克（Weick K. E.）将社会心理与组织相互融合，他将与组织有关的社会心理过程描述为选择和处理环境行为的过程。他采用了"制订环境"（Enacted Environment）一词来描述管理人员选择和参与任务环境的过程。他认为，组织环境是管理创造的行为，不易被人发现，因而管理学家的任务就是去调查管理者为什么要把他们的注意力放在环境的某一部分上，他们是怎样做的，是如何获取自己所关心的某一地区的信息的，是如何对这些信息进行解释并用于决策的。维克认为战略选择本身是一个系统复杂性问题，面对同一客观环境，由于每个组织所认定和做出分析的对象是不同的，因而组织设计和组织的战略选择就会出现差异。维克的"制定环境"采用的便是"战略选择论"的观点[117]。

3. 1980~1989 年：战略管理日新月异

经济学作为管理学重要的基础，为管理学提供了理论支持与分析方法，管理学在发展演变中深受特定时期主流经济学理论的影响。1980~1989 年，对管理学发展最具影响力的经济理论是罗纳德·科斯（Coase R. H.）、奥利弗·威廉姆森（William O. E.）等的新制度经济学。1937 年科斯发表了超世代的经典论文《企业的本质》（*The Nature of the Firm*），将"交易费用"这一概念引入了经济分析，提出了企业契约理论，改变了人们对经济组织的思考方式[118]。科斯试图揭开"企业"这个黑箱，用交易费用理论论述了企业的产生、本质、规模及边界。1975 年，威廉姆森的《市场与层级制：分析与反托拉斯含义》（*Marketsand Hierarchies：Analysisand Antitrust Implications*）出版，他将以科斯为代表的经济分支命名为"新经济制度"（见表 11）。威廉姆森吸收了卡内基梅隆学派的组织理论与西蒙的有限理性理论，沿着科斯的企业契约理论，拓展了"交易费用"的具体内容，分析了组织在市场中与科层制度下的经济活动[119]。威廉姆森的研究连接了经济学与组织理论，为随后的组织演变理论、委托—代理理论提供了理论基础，深刻影响了大卫·梯斯、道格拉斯·诺斯等的学术研究。

表 11　经济学理论相关文献引用突现分析

文献作者	年份	突现强度	开始年份	终止年份	1922～2019 年
Coase R. H.	1937	11. 1137	1988	1999	
Williamson O. E.	1975	48. 5561	1988	1996	

1980～1989 年关于组织理论的研究主题仍以组织环境为主，兼有组织决策与组织结构设计方面的拓展（见表 12）。

表 12　组织理论相关文献引用突现分析

文献作者	年份	突现强度	开始年份	终止年份	1922～2019 年
Cohen M. D.	1972	23. 5621	1982	1988	
Aldrich H. E.	1979	67. 5804	1980	1995	
Hannan M. T.	1977	5. 7634	1997	1999	

文献作者	年份	突现强度	开始年份	终止年份	1922～2019 年
Pfeffer J.	1978	22.5939	1980	1988	
Mintzberg H.	1979	39.7443	1984	1996	
Mintzberg H.	1983	7.084	1985	1989	

（1）组织决策。

1972 年，美国学者迈克尔·科恩（Cohen M. D.）在斯坦福读博士后时与当时的社会科学院院长詹姆斯·马奇和访问学者约翰·奥尔森（J. P. Olsen）共事。基于奥尔森对组织内决策行为的观察，三人提出了垃圾桶理论（Garbage Can Theory）。该理论描述了在组织混乱（Organized Anarchy）的现象下决策过程的特点。当组织目标模糊、组织内达成目标的方法不明确、组织决策人员流动性参与时便会造成"有组织的混乱"；组织混乱时，组织决策就像一个垃圾积累与倾倒的过程，在这个过程中不断有新的问题与解决方案提出、有人员参与或离开、有不同的决策机会。最终，组织内的问题可能被解决，也可能被忽视或移交给其他决策方。垃圾桶模型是对詹姆斯·马奇等组织决策理论的延续与发展，该模型提出后一直备受学界关注[120]。40 多年间，学者们通过观察调研、计算机模拟的方法对其不断扩充、完善。最新的研究动态显示，垃圾桶理论未来的演进方向是对复杂社交网络关系的建模研究[121]。

（2）组织结构。

战略大师亨利·明茨伯格（Mintzberg H.）在组织领域也颇有建树，尤其是在组织结构与组织设计方面。1979 年，明茨伯格出版《组织结构：一项综合的研究》（*The Structuring of Organizations：A Synthesis of the Research*），总结了与组织结构相关的问题，指导组织架构的设计[122]。随后，明茨伯格又在1979 年研究成果的基础上，提炼出《卓有成效的组织》（*Structure in Fives：De-*

signing Effective）一书，讨论了组织设计的基本要素与基本结构。在书中，明茨伯格提出了"五行组织"的概念，阐述了组织的五个组成部分、五种协调机制、五种运转方式和五个基本机构。明茨伯格认为，组织结构的设计受组织内外部各种因素的影响，企业应选择恰当的组织结构以实现内部的和谐一致，并与其所处的情景相符[123]。除此之外，明茨伯格对组织的研究还涉及组织的制度制定、组织权力等内容。在《组织内部及组织周围的权力》（*Power in and around Organizations*）一书中，明茨伯格分析了组织内外的各方权力，并对效率至上主义进行了理性批判。明茨伯格指出效率只分析可衡量的利益与成本，而不能计算不可衡量的部分；而企业的经济成本比其社会成本更易衡量，导致效率更偏向描述企业经济，而放任其可能的社会成本，造成"外部效应"[124]。明茨伯格对组织权力的论述展现了利益相关者理论的早期雏形。

（3）组织环境。

这一时期有关组织环境的研究，逐渐发展成环境选择和主动适应性为主导的两大理论流派。对于环境选择流派，以霍华德·阿尔德里奇（Aldrich H. E.）、迈克尔·汉南（Hannan M. T.）和约翰·弗里曼（Freeman J. H.）等研究为主的种群生态学理论成为 1980 ~ 1989 年的重要发展方向。种群生态学以生态学的角度研究组织与环境的关系。该理论依托于达尔文的自然原则观点，强调环境对企业的残酷选择，关注企业的产生、变化、死亡。1977 年，汉南和弗里曼发表论文《组织生态学》（*The Population Ecology of Organizations*），第一次明确地界定了种群生态学理论。在文中，汉南和弗里曼研究了企业在商业环境中的竞争，并讨论了环境对企业的自然选择过程，强调了生存利基（niches）与企业的重要关系[125]。随后，1979 年美国社会学家阿尔德里奇在《组织与环境》（*Organizations and Environments*）一书中更全面地阐释了环境选择下企业的演变过程。他认为，企业形式与企业活动要与所在环境相匹配，环境会选择留下与其相适应的企业。基于种群生态理论的观点，企业的资源与战略取决于所在环境，任何主观的战略决策对企业的生存作用甚微[126]。种群生态理论运用了大量的生态学理论与相关的数据分析模型，经过诸多学者几十年的研究，现已发展成组织理论的核心研究领域之一。

主动适应性为主导的流派聚焦于以美国组织学教授杰弗瑞·菲佛（Pfeffer J.）为核心的资源依赖理论。1978 年，菲佛与杰拉德·萨兰奇克（Salancik G. R.）出版了《组织的外部控制》（*The External Control of Organizations*），在书中二人论述了外部条件对组织设计与管理的影响。他们认为，组织依赖于环境中攸关组织存亡的稀缺资源。为了维护稀缺资源，组织要不断改变自身结构与行为；组织也可以通过政治手段或协调与其他组织的关系控制获取资源的不确定性，甚至改变所在环境[127]。资源依赖理论着眼于组织与环境的交互作用，是第一个系统地研究组织环境管理的学说[128]。

1980～1989 年，组织理论的研究重点仍聚焦于组织环境这一主题中，而对于组织能否主动选择战略这一论点，学界仍有较大的争论。资源依赖理论认为组织可以塑造环境，环境对组织虽然有约束，但是也为组织的形式与行为模式留有自主变化的空间；而早期的种群生态学则否定组织的主动适应性，认为环境决定了组织的决定与行为模式。

（4）战略规划。

自钱德勒的著作出版以来，战略成为管理学举足轻重的研究方向，战略研究最初以战略规划为主，后逐渐过渡到战略管理。美国著名学者肯尼斯·安德鲁斯（Andrews K. R.）是战略规划思想的代表人物。1971 年，安德鲁斯在著作《公司战略》（*Concept of Corporate Strategy*）中归纳了经典的战略规划框架——SWOT 分析框架，形成了战略规划的基本理论体系（见表 13）。安德鲁斯认为，战略应该精心地规划并有意识地实施，管理者要提前预测可能的环境变化，并要把企业自身条件与外部机遇相匹配。他提出了一个静态的战略规划过程，基本步骤包括资料的收集与分析、战略制定、评估、选择与实施[129]。这种战略规划是单向的，不能随着环境变化及时调整。另一位战略规划理论的重要人物是俄裔美国学者伊戈尔·安索夫（I. Ansoff），1965 年安索夫出版的《公司战略》（*Strategic Management*）一书，为管理者提供了一套经典的管理方法与工具，其中包括流传甚广的安索夫矩阵[130]。

表 13　战略规划与战略管理相关文献引用突现分析

文献作者	年份	突现强度	开始年份	终止年份	1922～2019 年
Andrews K. R.	1971	24.4376	1986	1992	
Ansoff H.	1965	35.0632	1980	1992	
Mintzberg H.	1976	40.1329	1982	1992	

（5）战略管理。

20 世纪 70 年代，随着环境变化加快，学界逐渐意识到战略需要根据环境变化不断调整，战略规划的"环境可预测性"假设弊端凸显。安索夫反思了传统战略规划的不足，提出了"权变"的战略规划思想[131]，把战略规划看作为一个与环境变化程度密切相关的动态过程。1972 年，安索夫引进了"战略管理"的概念，开启了战略管理的研究时代。尽管如此，安索夫的战略管理仍是动态规划的概念，没有跳出战略规划的框架。明茨伯格则从根本上反驳了战略规划的思想，他认为战略是自生的，在 1976 年发表的论文《"非结构化"决策过程的结构》（*The Structure of "Unstructured" Decision Processes*）中，明茨伯格研究了 25 种战略决策过程，发现战略决策复杂且动态的过程是"非结构化"的[132]。在 1978 年的论文《战略形成模式》（*Patterns in Strategy Formation*）里，明茨伯格基于对美国政府与部分企业的战略研究，总结了战略形成的模式与规律（见表 14）。明茨伯格在多部著作中抨击了安索夫等的"精心规划战略"思想，他指出精心规划的战略可能因目标不切实际、对环境误判等因素而不能实现。因此，企业不可能提前设定好一种战略决策模式，战略应自然形成[133]。明茨伯格对战略规划的强有力批判推动了战略规划思想向战略管理思想的演变。

表 14　战略过程相关文献引用突现分析

文献作者	年份	突现强度	开始年份	终止年份	1922~2019 年
Mintzberg H.	1978	43.9816	1983	1994	
Quinn J. B.	1980	54.6598	1983	1995	
Miles R. E.	1978	72.1225	1981	1997	
Snow C. C.	1980	7.8088	1987	1994	
Hambrick D. C.	1983	8.5355	1988	1989	

除明茨伯格外，其他学者也认识到了战略规划的局限性，并提出了新的战略形成途径。逻辑渐进主义等适应学派就在批判、修正战略规划流派的基础上逐渐形成。逻辑渐进主义认为，由于环境的复杂性与不可预测性以及人的有限理性，战略的制定与实施是一个适应环境不断学习的过程。工商管理学教授詹姆斯·布莱恩·奎因（Quinn J. B.）是逻辑渐进主义提出者，他在《变革战略：逻辑渐进主义》（*Strategies for Change：Logical Incrementalism*）中详尽地阐释了逻辑渐进主义的思想。奎因把战略描述为对环境变化的逻辑反映。战略在制定之初并不清晰，而是在实施过程中面对环境变化逐渐改良形成的。奎因认为，企业在不断探索新战略的过程中得以学习与调整，以适应环境变化[134]。

雷蒙德·迈尔斯（Miles R. E.）与博士生查尔斯·斯诺（Snow C. C.）等在《组织战略、结构和过程》（*Organizational Strategy Structure and Process*）一书中也对战略的形成过程进行了深入的探讨与研究。迈尔斯等提出企业战略取决于战略所要解决的三类基本型问题：事业问题、工程问题、行政问题。基于三类问题，企业可分为四种类型——防御者、探索者、分析者、反应者，每类企业会采用不同的战略[135]。上述内容就是经典的迈尔斯—斯诺战略分类法（Miles and Snow Typology）。

迈尔斯－斯诺分类方法影响甚广，后有多名学者对该分类法进行检验、论证、改进、拓展。1980年，斯诺与贺比尼亚克（L. G. Hrebiniak）检验了迈尔斯－斯诺分类法与企业独特竞争力（Distinctive Competence）以及绩效的关系，他们发现探索者战略与防御者战略都有独特竞争力，而分析者战略的独特竞争力则并不显著；探索者、防御者、分析者战略对绩效的影响一致地高于反应者战略[136]。1983年，唐纳德·汉布瑞克（Hambrick D. C.）在两个方面对迈尔斯与斯诺分类法进行了验证与拓展。首先，探索者与防御者绩效的评判取决于竞争环境与绩效指标的选择。其次，探索者和防御者有不同的职能偏好：探索者更倾向于开拓市场，而防御者则更倾向于对运营效率的专注[137]。

战略管理通常分为两类研究方向：战略过程与战略内容。战略过程是对战略形成与实施过程的研究，上文介绍的明茨伯格、奎因、迈尔斯、斯诺、汉布瑞克等的著作皆为战略过程研究的重要里程碑。而战略内容则包括对业务多元化、产业市场选择、并购重组、资源或知识管理等研究工作，在1980~1989年的研究中，战略内容方向最受关注的学者有理查德·鲁梅尔特（Rumelt R. P.）、大卫·梯斯（Teece D. J.）与迈克尔·波特（Porte M. E.）。战略内容的研究主要包括业务多元化与企业竞争战略，如表15所示。

表15 战略内容相关文献引用突现分析

文献作者	年份	突现强度	开始年份	终止年份	1922~2019年
Rumelt R. P.	1974	6.1368	1997	1999	
Teece D. J.	1982	11.5926	1988	1995	

续表

文献作者	年份	突现强度	开始年份	终止年份	1922～2019 年
Porter Michael	1980	93.0787	1984	1998	
Porter M. E.	1985	80.9138	1987	1999	

从 20 世纪 60 年代起，企业收购、并购盛行，学界的主流观点认为业务多元化有利于分散收购、并购活动带来的风险。20 世纪 70 年代的部分学者承接了钱德勒的研究，致力于业务多元化战略的探讨与检验。美国公共关系学教授鲁梅尔特于 1974 年发表的博士论文研究了企业多元化战略，他承接了钱德勒"组织结构跟随企业战略"的思想，对企业多元化类型和组织结构对经营业绩的影响做了深入的研究。将企业多元化经营战略描述为一个连续谱，从企业根本不从事多元化经营（只专注于一种产品）到完全无关的多元化经营（产品种类之间毫无关联性），这种对多元的分类被广泛应用[138]。鲁梅尔特的论文采用了大样本统计分析，在管理学研究方法变革上起了重大作用，并拉开了多元化绩效评价的序幕。

战略管理巨匠梯斯也对多元化的研究做出了卓越贡献。作为经济学家，梯斯早期深受威廉姆森的新制度经济学的影响。1982 年，梯斯以经济学视角，基于交易费用理论与市场失灵现象，研究了企业多元化理论。梯斯在文章中描述了企业冗余资源（Excess Resources）的存在，他认为企业能通过多元化更好地利用冗余资源[139]。梯斯对多元化的研究为企业的并购重组提供了理论基础。

随着战略理论和经营实践的发展，学者们对战略管理的研究重点逐步转移到了企业竞争优势，其中，最具影响力的便是"竞争战略之父"迈克尔·波特。有扎实经济学背景的迈克尔·波特把产业结构理论引入战略管理研究中，以"结构–行为–绩效"（S–C–P）的理论框架，研究不同产业环境对企业竞争战略和绩效的影响。他的代表作《竞争战略》（*Competitive Strategy*）与《竞争优势》（*Competitive Advantage*）系统地阐述了企业竞争优势理论。在《竞争战略》中，波特论述了产业环境中的五种竞争力量，提出了三种通用战略[140]；在《竞争优势》中，他探析了不同类型的竞争优势，提出了"成本最低战略与差异化战略不可兼得"的观点，并提供了"价值链"竞争优势分析工具[141]。波特的竞争战略理论开创了企业战略管理的新领域。20世纪六七十年代，环境适应的思想渗透于管理学研究中。在波特之前，以钱德勒、安索夫、明茨伯格等为代表的经典战略思想多关注企业如何适应市场环境变化，而忽视了所处产业分析以及对竞争对手、竞争因素的考察。波特的理论研究从产业角度考察企业战略，描述了企业在产业中定位以获取竞争优势的方法，弥补了前人研究的不足，推动了战略管理研究的发展。

4. 1990～1999年：资源基础蓬勃发展

进入20世纪90年代后，全球化步伐加速，商业竞争日趋激烈，如何在竞争中获取持续优势成为了企业最关心的问题，也引发了管理学领域中资源基础观及核心竞争力的研究热潮。

之前组织理论时代中关于组织与环境关系的争论持续到了20世纪90年代，并且围绕着环境决定战略还是战略决定环境这一根本议题衍生出许多新学派。在20世纪80年代，强调环境影响战略的产业组织理论一度占据主流，但到了这一时期，人们发现同行业企业间绩效的巨大差异越来越无法被环境决定论解释，也逐渐意识到通用战略的不可行性，随即开始转向强调战略决定环境的资源基础观（见表16），这一理论流派更多关注对企业内部独特资源的分析，并在此基础上开启了对企业核心竞争力战略理论的重点研究。

表16　资源基础观相关文献引用突现分析

文献作者	年份	突现强度	开始年份	终止年份	1922～2019年
Selznick P.	1957	18.104	1991	1997	

续表

文献作者	年份	突现强度	开始年份	终止年份	1922～2019 年
Tushman，Romanelli	1985	34.8249	1990	2000	
Rumelt R.	1984	14.9668	1991	2003	
Rumelt R.	1991	12.7017	1993	2003	
Rumelt R.	1974	6.1368	1997	1999	
Wernerfelt B.	1984	35.2673	1998	2004	
Barney J.	1986	9.4134	1992	1994	
Barney J.	1991	26.5228	1998	2007	
Conner K.	1991	12.452	1996	1998	
Amit，Schoemaker	1993	36.3616	1996	2006	

（1）资源基础观。

尽管 20 世纪 90 年代最终由以资源基础观为代表的战略决定论占据上风，但环境决定论的相关研究也始终贯穿这一时期，像分析之前时代提到过的权变理论、种群生态学派及制度学派在这十年里均取得了持续的研究进展。其中，在 20 世纪 90 年代具备较大影响力并一定程度上影响了后续理论发展的是演进理论。演进理论以企业内部的视角研究组织对环境的适应能力，更侧重于现有组织结构的再造与改变而非新组织的产生。迈克尔·图什曼（M. L. Tushman）和伊莲·罗曼内利（E. Romanelli）认为组织与环境的关系并非一成不变，提出组织在一段时间的渐进式发展后将以革命性的创新打破原有竞争秩序，然后再次进入适应变化后的环境选择阶段，并认为这种渐进与革命性的变化将交替进行[142]。这一理论肯定了组织对环境的改变及影响能力，对这一阶段战略管理思想的发展产生了较大的影响。

事实上，长久以来战略管理领域一直有一项核心议题，即"为什么有些企业的绩效总是强于其他企业？"在解释这种持续绩效差异时，领域内学者给出了两种观点，分别是基于市场势力的解释与基于效率的解释。前者由波特在 1979 年[143] 和 1981 年[144] 两篇文章中提出，并在 20 世纪 80 年代较为流行；后者则在 20 世纪 90 年代得到了更多关注，而资源基础论即是后者的一个重要代表学派。

资源基础理论的产生与发展至少受到之前四类研究的重要影响，分别是传统关于独特能力的研究、大卫·李嘉图（D. Ricardo）对土地资金的分析研究、艾迪·彭罗斯（E. Penrose）对企业成长及控制资源的研究以及杰伊·巴尼等运用经济学对反托拉斯的研究。其中，关于独特能力的传统研究是对于企业间持久绩效差异的早期主流研究，其解释主要围绕企业综合管理能力展开。在这些解释中，1957 年，菲利普·塞尔兹尼克（Selznick P.）的研究成果对资源基础论在 20 世纪末的研究产生了较大的影响[145]，他率先认识到总经理的管理能力仅是企业独特能力的其中之一，并提出管理者负责创造并界定组织的目标与使命对于企业取得绩效优势具备重要作用，这一观点对资源基础观中将公司文化作为组织独特资源的研究产生了直接影响。彭罗斯的研究则因发现同行业企业控制的生产性资源本质上也是异质的，且将生产性资源的定义拓展至类似于企业家才能等无弹性资源，因而被许多人视为资源基础论最重要的起源。经过对以上理论的整合与再发展，资源基础理论逐渐成形。

最早在战略管理领域提出资源基础观点的是博格·沃纳菲尔特（Werner-felt B.）[146]，尽管沃纳菲尔特的研究并非沿自上述四种传统理论，其最初只是试图为波特基于企业产品市场地位的竞争优势理论提供一种补充视角，但其因成功认识到企业间基于资源及资源组合的竞争对企业在实施产品市场战略中取得优势能力的关键意义，从而最先预见到后期资源基础理论的部分关键要素，因而成为了资源基础理论的重要奠基人。

继沃纳菲尔特之后，鲁梅尔特于1984年发表了战略管理领域第二篇基于资源的论文《论企业战略理论》（*Towards a Strategic Theory of the Firm*）[147]。在论文中，他主要关注了企业获取经济租金的能力，并认为企业是一串生产性资源束，这些资源价值会因其应用的环境而变化。他认为这部分资源的可模仿性取决于其被隔离机制保护的程度，并试着提出了一系列隔绝机制，同时开始研究能加强资源不可模仿性的资源自身属性。

受鲁梅尔特的影响，巴尼发表了战略领域基于资源的第三篇论文《战略要素市场：期望、运气和战略》（*Strategic Factor Markets: Expectations, Luck, and Business Strategy*），正式开启了资源基础观向资源基础理论发展的转型之路[148]。巴尼在论文中引入了战略性要素市场的概念，并指出企业已控的资源比外部资源更可能成为企业经济租金的来源。之后，英格玛·德里克斯（I. Dierickx）和卡雷尔·库尔（K. Cool）进一步拓展了巴尼的观点，描述了企业已控资源产生经济租金的原因[149]。至此，资源基础理论的轮廓基本成形。

受以上早期论文影响，20世纪90年代出现了大量具有时代影响力的拓展资源基础理论研究思路的成果。比如，凯瑟琳·康纳（Conner K.）在鲁梅尔特的基础上探究了部分企业理论中基于资源的逻辑含义，同时探究了资源基础理论与其他传统微观经济理论的关系[150]。巴尼在1991年发表了《企业资源与持续竞争优势》（*Firm Resource and Sustained Competitive Advantage*）又将德里克斯和库尔的研究进一步发展，并初步提出了资源基础理论的基本假设[151]。鲁梅尔特则以实证表明了企业层次效应在企业绩效变化上比产业层次效应等更具解释力[152]。拉斐尔·阿密特（R. Amit）和保罗·休梅克（P. J. H. Schoe-maker）则指出了资源市场不完善性以及管理者决策误差对企业持续竞争优势的重大影响，认为管理者在选择企业战略资产与产业战略要素匹配度上的表现将极大影响企业竞争优势的持久性[153]。

资源基础观的特殊意义是由之前时代的"向外寻找"，分析企业外部环境，转向了分析企业内部资源，也标志了战略管理学从环境决定论的经典战略管理（以钱德勒为代表）转向以产业结构分析为基础（以波特为代表）后转向了以异质性资源为基础（以沃纳菲尔特、巴尼为代表）。

（2）竞争优势理论。

竞争优势理论（见表17）与资源基础理论有着千丝万缕的联系，竞争优势与经济租金亦密切相连，但这两种理论实际是拥有迥异研究路径的并行学派。资源基础理论一个主要结论是基于已控资源与能力选择并实施战略的企业更有可能获得竞争优势，偏重于竞争优势的获取，而竞争优势理论的研究重心则是在于如何维持住企业的竞争优势，即获取持续竞争优势。关于这点，一个主流的答案是企业已控的有价值的、稀缺的且无法完全模仿的资源在企业能通过合理的组织流程对其加以利用时，就可成为企业持续竞争优势的来源[154-155]。

表 17　竞争优势理论相关文献引用突现分析

文献作者	年份	突现强度	开始年份	终止年份	1922～2019 年
Lippman, Rumelt	1982	27.7208	1991	2001	
Williamson O.	1985	34.6978	1992	2008	
Itami H.	1987	9.6944	1992	1998	
Prahalad, Bettis	1986	7.986	1996	1999	

续表

文献作者	年份	突现强度	开始年份	终止年份	1922～2019 年
Prahalad, Hamel	1990	47. 2204	1996	2005	
Hamel G.	1991	25. 8163	1996	2006	
Henderson, Cockburn	1994	30. 8639	1999	2005	

关于企业掌握的资源，之前时代中的大部分研究都聚焦于有形资产之上[156]，到了 20 世纪 90 年代，研究者则更多将目光转向了无形资产，并开始了针对企业"能力"的一系列定义分析。比如，1987 年日本管理学家伊丹敬之（Itami H. ）在《启动无形资产》（*Mobilizing Invisible Assets*）一书中提出了积累和管理无形资产的重要性，认为无形资产对企业在竞争中取得成功具有重大意义[157]；普拉哈拉德（C. K. Prahalad）和理查德·贝蒂斯（R. A. Betis）也强调了多元化企业分享行业间较少的无形资产的重要性，并认为这种分享会增强竞争对手的模仿难度[158]。

而关于"能力"，普拉哈拉德和加里·哈默尔（G. Hamel）于 1990 年发表了著名的《企业核心竞争力》（*The Core Competence of the Corporation*），他们在前人研究的基础上提出了极具影响力的"核心能力"概念，将企业的核心能力定义为"组织的集体学习能力"并以此作为企业选择及实施战略的基础[159]。随着全球化进程加深，国际竞争层面的企业间能力差别及互相学习能力也引发了越来越多的研究关注。丽贝卡·亨德森（R. Henderson）和伊恩·库克伯恩（I. M. Cockburn）分析了十家大型制药企业的内部数据，区别并评价了"组成性"与"架构性"能力的不同影响力，并认为企业实施战略的能力也是一种可以带来持续竞争优势的资源与能力[160]，这一看法也让有关动态能力的研究有了新的解读方式。20世纪90年代，大卫·梯斯等提出了著名的"动态能力"概念，即企业发展新的能力作为持续竞争优势来源的能力，他们认为企业的核心竞争力大小会随时间推移而不断变化，其竞争优势部分取决于自身积累消化新知识和技能的能力，动态能力的研究也解决了部分基础资源理论应用在极易变化环境中的局限性。

在对具体的组织能力进行分析时，有相当一部分研究者重点研究了组织的文化、信任、人力资源及信息技术作为企业持续竞争优势来源的能力。其中，关于信任的研究分析在一定程度上发展扩充了交易成本理论。传统交易成本经济学假设企业制定及实施治理机制的能力维持不变，同时所有潜在交易者都有同样的可能性进行机会主义行为[161]，而这一时期的信任相关研究显示，不仅企业制订实施治理机制的能力会随战略改变，潜在交易者的机会主义倾向也会改变且这种改变能够被识别。这部分研究通过阐述交易者可信任度的可变化性进一步论证了持续竞争优势存在的可能性。

尽管竞争优势理论的早期核心研究是独立于资源基础理论发展起来的，但由于两种理论内核的高度相关性，二者在发展中逐渐呈现出融合的趋势，共同对此后关于企业核心竞争力的研究产生了深厚的影响。资源基础理论的奠基人之一巴尼便融合前人的研究成果提出了可持续竞争优势的概念，他赞同企业的核心竞争力是动态的，并认为可持续竞争优势来源于企业独特的动态能力及人力资本[151]。类似的研究观点均强调了企业知识体系与学习能力的重要性，也引发了关于知识管理的研究热潮。

（3）知识管理。

野中郁次郎（I. Nonaka）被誉为"知识创造理论之父"及"知识管理的拓荒者"，他与竹内弘高（H. Takeuchi）于1995年提出了知识转化的四种基本模式[162]，即著名的SECI知识螺旋上升模型，强调直觉等隐性知识与可文本化的显性知识在企业创新中会互相作用与转化，且这种转化过程实际便是知识创造的过程（见表18）。在获取并保持核心竞争力方面，野中郁次郎与竹内弘高认为组织设计和管理应该同时兼顾企业学习能力培养和保持其特有的知识能力。

表18　知识管理理论相关文献引用突现分析

文献作者	年份	突现强度	开始年份	终止年份	1922～2019 年
Nonaka, Takeuchi	1995	32.0076	1998	2004	

5. 2000～2019 年：学习创新独占鳌头

进入 21 世纪后，伴随着全球一体化趋势的增强，以及知识经济和互联网经济时代的到来，企业面临的市场竞争环境愈发复杂。旧有的管理理论难以支撑时代的变化，因此管理学界掀起了理论全面创新的热潮。这一时期的理论主题呈现一种井喷增长的态势，通过分析文献内容，本书将这一时期的研究主题归纳为动态能力理论、社会网络理论、战略联盟理论、知识管理与组织学习理论、创新理论以及技术变革理论，而这些研究主题常常呈现一种网状支撑的状态，各理论之间相互融合与借鉴。

（1）动态能力理论。

核心能力与资源基础观一度成为战略管理理论的主流思想，然而其不足之处也随着社会变迁与管理学发展日益突出。伦纳德·巴顿（D. L. Barton）发现企业的核心能力可能会不适用于下一发展阶段的要求或竞争环境的变化，变成"核心僵化"，企业过分依赖其核心能力就会陷入能力陷阱，进而阻碍创新[163]。对于资源基础观，该理论过分强调不可模仿与不可替代的核心资源，却缺乏对资源获取路径与产生过程的论述，对管理实践的指导作用有限[164]；另外，该理论更偏向于静态分析，在技术日新月异、产品更迭加快的商业环境中不太适用[165]。其后，大卫·梯斯、玛格丽特·彼得夫（M. A. Peteraf）、康斯坦丝·赫尔法特（C. Helfat）、毛利齐奥·佐罗（Zollo M.）、凯斯琳·艾森哈特（Eisenhart K M）等构建并发展了动态动力理论，弥补了资源基础观对于动态环境变化视角的缺失，阐释了企业能力的来源与发展机理（见表19）。

表 19　动态能力理论相关文献引用突现分析

文献作者	年份	突现强度	开始年份	终止年份	1922~2019 年
Teece D. J.	1997	54. 5518	2001	2013	
Teece D. J.	2007	24. 9512	2017	2019	
Eisenhardt K. M.	2000	7. 5164	2015	2016	
Zollo M.	2002	19. 9778	2007	2015	
Helfat C. E.	2003	15. 7807	2010	2011	

在环境加剧变化的背景下，大卫·梯斯等于 1990 年西雅图华盛顿大学会议前后提出了动态能力理论，以弥补资源基础观理论上的空白。1997 年，梯斯等发表的《动态能力与战略管理》（*Dynamic Capabilities and Strategic Management*）一文，系统地阐释了动态能力的概念。他们将动态能力定义为企业整合、构建、重构内部和外部能力，以应对快速变化的环境的能力。他们运用了动态能力框架分析了企业在快速变化环境下创造财富的途径[166]。2007 年，大卫·梯斯在论文《展现动态能力：（可持续）企业绩效的本质和微观基础》（*Explicating Dynamic Capabilities：The Nature and Microfoundations of（Sustainable）Enterprise Performance*）中，进一步讨论了动态能力的本质与微观基础，并将动态能力划分为三个维度：感知能力、抓住机会的能力、资源重构能力[167]。

2000 年，斯坦福大学教授凯斯琳·艾森哈特与杰弗里·马丁（J. A. Martin）发表了论文《动态能力：它们是什么?》（*Dynamic Capabilities：What Are They?*），进一步拓展了动态能力的理论概念与应用范围。艾森哈特和马丁对动态能力的界定与梯斯等不同，她们认为动态能力不是模糊、烦琐的概念，而是具体、可辨认的一系列过程，包括产品研发、战略决策、合作联盟等。她们考察了不同市场环境下的动态能力，认为在高速变化的市场环境中，动态能力是更简单的、试错性的过程[168]。艾森哈特与马丁的研究还指出，传统资源基础观对动态市场下的竞争优势认识不足，拓宽了学术界对资源基础观的认识与理解。

达特茅斯学院教授赫尔法特与彼得夫也是动态能力理论重要的维护者与推动者。2003 年，二人运用能力生命周期的概念，搭建了一个动态资源基础观的框架，描述了企业能力演变的一般模式和路径。她们衔接了资源基础观对资源异质性的研究，通过分析能力从产生、发展到成熟这一生命周期，解释了组织能力异质性的来源[169]。这对企业运用资源与能力构建竞争优势有重要的指导意义。

2002 年，意大利博科尼商学院教授佐罗与其恩师经济学教授西德尼·温特（S. G. Winter）携手发表论文《有意学习与动态能力演化》（*Deliberate Learning and the Evolution of Dynamic Capabilities*），研究了企业动态能力的发展机理。佐罗和温特将动态能力理解为通过学习而形成的相对稳定的与常规化的组织活动。他们论述了组织的经验积累、知识表达、知识编码对企业动态能力演进的重要作用，认为组织学习是经验积累、知识表达、知识编码的行为组合，企业的动态能力也构建于三者的交互作用之上[170]。

（2）社会网络理论（见表 20）。

表 20　社会网络理论相关文献引用突现分析

文献作者	年份	突现强度	开始年份	终止年份	1922～2019 年
Walker G.	1997	8.842	2000	2007	
Gulati R.	1998	14.2525	2000	2007	
Stuart T. E.	1999	8.2369	2005	2008	

续表

文献作者	年份	突现强度	开始年份	终止年份	1922~2019 年
Hansen M. T.	1999	12.8978	2005	2008	
Ahuja G.	2000	27.7107	2007	2013	
Granovetter M. S.	1973	19.5705	2009	2013	
Burt R. S.	1992	20.5165	2009	2014	
Uzzi B.	1996	9.3336	2000	2007	

　　社会网络作为一种社会学视角发端于德国社会学家格奥尔格·齐美尔（G. Simmel）。社会网络分析不把人看作由个体规范或者独立群体的共同活动所驱动，相反它关注人们之间的联系如何影响他们行动的可能性和限制。由于社会网络研究根植于具有组织背景的社会学群体研究，因此其在管理学中具有很强的适用性。但社会网络理论并不是对已有管理学理论的批判与取代，而是对管理学理论的补充。因此，社会网络能够与原有管理学理论实现良好的融合。在管理学理论的加持下，社会网络分析逐渐成为组织行为、战略、知识传播与创新以及消费者行为等方面研究的新范式[171]。

　　社会网络理论可以分为三类：第一类是从其他学科借鉴引入的理论，包括从数学中引入的图论思想、从社会心理学借鉴而来的平衡论和社会比较理论思想。第二类是本源的社会网络理论，包括异质性理论和结构角色理论。第三类是组织理论所吸收和体现的网络思想，包括资源依赖理论、权变理论、交易费用理论等。

　　马克·格拉诺维特（Granovetter M. S.）和罗纳德·伯特（Burt R. S.）是本源社会网络理论的构建者，他们对异质性理论实现了开创性的突破。异质性理论研究的是网络之间的作用机制，是关于如何帮助行动者在封闭的社会圈之外建立的连接，获得多样化的知识及其他资源。1973 年，格拉诺维特发表了论文《弱连接的力量》（*The Strength of Weak Ties*），提出了著名的弱连接理论，该理论认为，与一个人的工作和事业关系最密切的社会关系并不是"强连接"，而常常是"弱连接"，"弱连接"在成本和传播效率方面优势极大[172]。制度经济学家威廉姆森在《市场与层级制：分析与反托拉斯含义》一书中从有限理性和机会主义角度对企业规模的边界问题进行了阐述[173]，但其论述中夸大了权威关系，没有摆脱去社会化的概念，漠视了社会关系的作用，但格拉诺维特从其忽视的角度出发实证地论证了社会关系的普遍存在以及它对市场与科层组织问题产生的影响，形成了独特的嵌入型理论，该理论也成为新经济社会学的代表之作，促进了网络分析的理论化和体系化。

而伯特的《结构洞：竞争的社会结构》（*Structural Holes：The Social Structure of Competition*）是对社会网络分析的继承和进一步发展，该书在吸收"弱连接"假设等研究成果的基础上，发展出独特的"结构洞"理论，形成了企业组织分析的网络结构视角中最为完善的模式。首次明确指出，关系强弱与社会资源、社会资本的数量没有必然的联系。伯特利用结构洞理论对市场竞争行为进行分析，认为资源优势和关系优势构成了总体竞争优势，结构空洞型社会网络的竞争者具有更多的关系优势，并可获得更大的利益回报[174]。

结构角色理论方面的代表作主要是布瑞恩·乌西（Uzzi B.）在《企业网络中的社会结构与竞争：嵌入性悖论》（*Social Structure and Competition in Interfirm Networks：The Paradox of Embeddedness*）一文中分析了嵌入性悖论，尽管格拉诺维特之前分析了嵌入关系带来的负面作用，但是并没有对此做深入探讨，乌西则推进了嵌入理论的发展。乌西探讨了组织结构形成因素以及不同组织关系结构的绩效问题，他认为组织的镶嵌关系有利于组织间的非市场交换，臂展关系有利于组织间的市场交换[175]。

社会网络分析与管理学相结合的主题主要聚焦于社会网络与知识管理、社会网络与战略联盟以及社会网络与创新。

在社会网络与知识管理方面，莫滕·汉森（Hansen M. T.）于 1999 年发表了《搜索转移问题：弱联系在组织子单元知识共享上的角色》（*The Search – Transfer Problem：The Role of Weak Ties in Sharing Knowledge across Organization Subunits*），开启了社会网络和社会关系应用于知识共享与转移研究的序幕。汉森认为，弱联系在跨组织信息传播上具有渠道优势，它能为行为人带来更多不重复的外部信息，因而在简单的非隐性知识的转移过程中，弱联系更可以发挥积极作用，而在复杂的隐性知识转移过程，强联系可以为组织间的知识转移创造良好的氛围和环境，从而促进技术信息的良好流动[176]。简宁·那哈皮特（J. Nahapiet）和苏曼特拉·戈沙尔（S. Ghoshal）以"社会资本"的视角进行了智力资本的研究，通过模型分析了社会资本的不同维度和创造智力资本所必需的主要机制和过程[177]。

在社会网络与战略联盟方面，西北大学凯洛格管理学院的教授拉尼·古拉蒂（Gulati R.）在1998年以社会网络的视角研究了战略联盟，他拓展了战略联盟研究中惯用的二元交换视角，重新以社会网络的视角定义了战略联盟研究的五大关键问题（联盟的形成、治理结构的选择、联盟的动态演化、联盟的绩效、企业进入联盟的绩效结果）[178]。

在社会网络与创新方面，戈登·沃尔克等（Walker G. et al.）对生物技术企业的实证检验认为，网络结构决定了初创公司建立新关系的频率。网络结构既表明了社会资本在行业中的分布，也表明了创业活动的机会所在[179]。高塔·阿胡加（Ahuja G.）通过构建三维框架（直接联系、间接联系和结构洞）来分析企业关系网络对创新的影响，结论得出结构洞既有积极影响，也有消极影响[180]。托比·斯图尔特（Stuart T. E.）则研究了社会网络对年轻公司获取生存和发展所需资源能力的影响[181]。

（3）战略联盟理论。

20世纪80年代以来，越来越多的企业之间建立了联盟合作关系，企业之间的边界变得越来越模糊，战略联盟理论也逐渐成为研究的热点（见表21）。实际上战略联盟理论的出现是多方面理论发展的必然结果。以威廉姆森为代表的制度经济学派，通过"交易费用"概念分析解释战略联盟，该学派认为战略联盟是介于市场和企业之间的又一种资源配置手段，是生产成本和交易成本总和最小化的产物。战略联盟是资源配置的一种优化机制，是为了追求更高的资源配置效率[182]。

表21　战略联盟理论相关文献引用突现分析

文献作者	年份	突现强度	开始年份	终止年份	1922～2019 年
Baum J. A. C.	2000	20.7736	2009	2014	
Doz Y. L.	1996	11.8264	2000	2002	
RING P. S.	1994	11.7386	2002	2008	
Barney J. B.	1986	16.1317	2002	2004	
Williamson O. E.	1991	20.5466	2004	2007	

与强调成本最小化的交易成本理论相比，以巴尼为代表的资源基础观，则强调通过聚集和使用有价值资源来实现公司的价值最大化。根据资源基础理论，有价值的企业资源常常是稀缺的，企业所拥有的资源或能力是战略联盟形成的基础。因此，获取其他企业的独特资源是战略联盟的主要动机，战略联盟是企业获取互补性资源的手段。战略联盟能使企业可支配的资源从内部扩展到企业外部，在更大范围内促进资源的合理配置，从而提高企业运作的效率，同时资源基础观还认为，战略联盟不仅能够使企业获得规模经济，而且也能够开发出新的资源和技能，这也为之后战略联盟间的知识传递与组织学习奠定了理论基础[183]。

战略联盟部分的文章主要探讨的是战略联盟合作伙伴之间的作用关系以及对自身绩效的影响。多兹（Y. L. Doz）在《战略联盟中合作的演变：初始条件还是学习过程?》(*The Evolution of Cooperation in Strategic Alliances：Initial Conditions or Learning Processes*?) 中通过案例分析了战略联盟合作伙伴的重要性，他认为成功的战略联盟是高度进化的，合作伙伴之间经历了一系列相互学习、重新评估和调整的过程。相反，失败的项目是高度惯性的，很少有学习过程[184]。皮特·史密斯·瑞恩等（Ring P. S. et al.）探讨了合作型组织间关系（Ior）的发展过程，通过引入一个侧重于正式、法律和非正式的社会心理过程的框架来解释协作 Ior 产生、演化和分解的过程和原因[185]。乔尔·鲍姆等（Baum J. A. C. et al.）则将战略联盟网络和公司理论的研究结合起来，研究初创企业联盟网络组成的变化对其早期绩效的影响[186]。

（4）知识管理与组织学习理论（见表22）。

表22　知识管理与组织学习理论相关文献引用突现分析

文献作者	年份	突现强度	开始年份	终止年份	1922～2019 年
Zander U.	1995	10.6921	2002	2006	
Zucker L. G.	1998	27.4869	2003	2009	
Kogut B.	1992	38.0724	2004	2017	
Grant R. M.	1996	47.5913	2005	2019	
Szulanski G.	1996	21.5355	2005	2010	
Mowery D. C.	1996	15.4977	2006	2009	
Levinthal D. A.	1993	46.795	2008	2019	
Kale P.	2000	12.7888	2008	2009	

文献作者	年份	突现强度	开始年份	终止年份	1922~2019 年
Lane P. J.	1998	12.3532	2008	2009	
March J. G.	1991	58.0819	2009	2019	

组织学习主要借鉴了心理学文献中与"个人学习"有关的概念，并逐渐成为"学习型组织"这一研究方向的理论基础；而知识管理实际是资源基础观的拓展。随着资源基础观的不断发展，这些理论都认为"知识"是组织获得并保持可持续竞争优势的根源，"知识"逐渐成为企业最重要的战略资源，在这种背景下，企业逐渐由传统的物质资源需求转变为知识性资源需求，知识管理受到学术界和企业界的普遍关注。组织学习和知识管理是两个紧密相关的概念，虽然长期以来在学界存在两个领域的部分学者互相排斥的现象，但究其实质都是对知识、学习、绩效等因素相关性的研究。因此，本书对二者不做过度的区分，只认为知识管理研究偏向于结果，而组织学习研究偏向于过程，并将二者整合为知识管理与组织学习理论。本书将应用内部视角与外部视角的思路梳理知识管理与组织学习理论的部分内容，内部视角主要研究组织内的知识与学习如何进行传递与创新。而外部视角主要与上文提及的战略联盟理论相结合，研究如何从外部企业获取知识并转化为企业自身的能力。

在组织内部视角方面，布鲁斯·科格特（Kogut B.）与乌多·赞德（Zander U.）合作发表的《企业知识、能力组合与技术复制》（*Knowledge of the Firm，Combinative Capabilities，and the Replication of Technology*）是关于知识基础理论的经典之作，科格特和赞德提出组织内部有效的创造与传递知识对企业生存和发展极为有益[187]。罗伯特·格兰特（Grant R. M.）的《论企业的知识基础理论》（*Toward a Knowledge – Based Theory of the Firm*）是极为典型的以内部视角分析知识和学习的，该文将知识视为存在于个体内部，而组织的主要角色是对知识应用而不是知识创造[188]，该文为当时的组织创新和趋势提供了新的视角，并对管理实践产生了深远的影响。加布里埃尔·舒兰斯基（Szulanski G.）同样强调了知识内部转移的重要性，他认为内部知识是保证公司维持竞争优势的关键因素，并对 122 个知识转移实践案例进行了分析，得出内部知识转移的主要障碍是与知识相关的因素，如接受者缺乏吸收能力的结论[189]。

管理学大师詹姆斯·马奇在组织内部学习方面也有建树，其在 1991 年发表的《组织学习的探索与开发》（*Exploration and Exploitation in Organizational Learning*）一文中主要研究了组织学习中在探索新的可能性和开发旧的确定性之间的关系，认为在适应性的过程中，开发比探索从短期上能够更迅速地获得效益，但在长期上是一种自我毁灭[190]，这篇文章对改善组织学习的形式有巨大的指导作用。而在 1993 年与其学生丹尼尔·莱文索尔（Levinthal D.）合作的《学习的近视》（*The Myopia of Learning*）中继续对开发和探索两种关系进行了探讨。事实上，上述两篇文章的内核便是马奇对组织学习的质疑，即组织学习的"胜任力陷阱"和"能力陷阱"[191]。

从战略联盟角度论述的外部视角主要认为，组织之间可以形成以能力为基础的战略联盟来促进组织学习，越来越多的组织正在日益结成带有明确获取新知识和实际技能目的的联盟。外部视角主要研究战略联盟间的知识传递与学习吸收能力。大卫·莫韦里（Mowery D. C.）创新了一种新的衡量战略联盟伙伴技术能力变化的方法——专利组合的引用法，分析了战略联盟参与者技术资源"重叠"程度的变化，结论认为战略联盟成员对知识的公平安排可以促进更大程度的知识转移[192]。普拉尚特·卡莱（Kale P.）等对战略联盟伙伴之间知识的吸收和保护做了探讨，企业参与战略联盟的主要原因之一是从联盟伙伴那里学习知识和能力。同时，公司希望保护自己不受合作伙伴的机会主义行为的影响，以保留自己的核心专有资产，而多数研究认为上述目标是相互排斥的，而卡莱通过实证分析证明，建立一种"关系资本"的综合方法可以同时实现两个目标[193]。皮特·雷恩（P. J. Lane）则从吸收能力的角度分析了组织间的学习[194]。

（5）创新理论（见表23）。

表23 创新理论相关文献引用突现分析

文献作者	年份	突现强度	开始年份	终止年份	1922～2019 年
Schumpeter J. A.	1942	17.8624	2012	2014	
Schumpeter J. A.	1934	14.2924	2012	2013	
Von Hippel E. A.	1988	21.3052	2003	2007	
Lundvall B. A.	1992	18.7444	2011	2014	
Nelson R. R.	1993	21.2444	1998	2008	
Henderson R. M.	1990	13.1721	2012	2019	
Fleming L.	2001	58.4753	2014	2019	
Cohen W. M.	1989	37.6153	2004	2010	
Cohen W. M.	1990	56.6363	2008	2019	

经济学家约瑟夫·熊彼特（Schumpeter J. A.）开创性地提出了创新理论，对创新理论与企业家理论产生了深远的影响。熊彼特在1912年出版的著作《经济发展理论》①（*The Theory of Economics Development*）及1942年发表的论文《资本主义、社会主义与民主》（*Capitalism，Socialism and Democracy*）中探

---

① 《经济发展理论》1912年为德文版，1934年为英文版。

讨了技术创新对社会、经济发展的重要推动作用。熊彼特将创新视作改变经济发展的重要维度，他认为创新实质是"创造性的破坏"，创新会不断地革新经济结构。他指出，创新是要建立一种新的生产函数，把一种从未有过的，关于生产要素和生产条件的"新组合"引进生产体系。而"新组合"即为企业，实现"新组合"的人被称为"企业家"[195-196]。

在 1990 年发表的论文《架构创新：现有产品技术重构与老牌企业的失败》（*Architectural Innovation: The Reconfigutation of Existing Product Technologies and the Failure of Established Firms*）中，哈佛商学院教授丽贝卡·亨德森和美国学者金姆·克拉克（K. B. Clark）从产品创新层面讨论了要素重组型创新对企业技术的重构和对产业整体的影响。要素重组型创新是指通过现有要素（知识和技术）的重新组合开发新产品、新技术的创新方式，亨德森与克拉克将其命名为"架构创新"。亨德森与克拉克受熊彼特创新是"创造性破坏"观点的启发，根据创新对现有企业能力的影响，搭建了更为完善的创新框架。最终，创新按其对产品要素与产品要素连接影响程度的不同，可归纳为四种形式：渐进创新、架构创新、模块创新、激进创新。同时，亨德森与克拉克强调了架构创新对企业、产业的重要影响，运用实证分析检验了架构创新对现有产业的冲击与对老牌企业的威胁[197]。

经济学家韦斯利·科恩（Cohen W. M.）与管理学家丹尼尔·莱文索尔曾多次合作展开组织学习与创新能力领域的研究。科恩与莱文索尔有极强的数理功底，二人的论文善于使用数理模型与数理分析，通过数学推导和计量分析构建、检验相关论点。1989 年，二人发表的《创新与学习：研发的两面》（*Innovation and Learning: The Two Faces of R&D*）一文，探索了研发对企业产品创新与组织学习的正向作用。他们发现研发不仅能直接促成产品创新，还有助于企业维持吸收、探索内外部信息的能力，促进组织学习[198]。在此基础上，二人发表的《吸收能力：学习和创新的新视角》（*Absorptive Capacity: A New Perspective on Learning and Innovation*）一文，精准、明晰地构建了企业吸收能力这一概念，吸收能力取决于企业的知识储备。科恩与利文索尔认为，吸收能力是企业创新能力的关键所在，并通过实证分析探索了企业吸收能力对创新活动的影响[199]。

以上关于创新的研究视角多以微观企业为主，聚焦于企业内的技术变革与产品创新。伴随着理论研究的不断深入，研究视角已经逐步扩大，转向于宽泛的企业利益相关者以及更为宏观的国家层面，研究主题包括开放式创新和国家创新。

麻省理工斯隆商学院教授艾瑞克·冯·西贝尔（E. V. Hippel）是开放式创新的领军者。1988 年艾瑞克·冯·西贝尔出版的《创新的源泉》（*The Source of innovation*），详尽地阐释了其核心思想：用户创新。他通过案例研究、计量分析等方法发现客户是主要的创新之源。客户将自己的需求传递给生产商，生产商根据客户的要求改进现有产品或制造新的产品。表明企业应了解客户的需求，征询创新意见；而客户也不再仅仅是消费者，更是产品的共同创造者[200]。西贝尔的研究不仅发展了开放式创新的理论，更是对创新实践影响颇深。在其提出用户创新理论之后，用户一直被视为企业创新的重要外部来源。

随着国际化进程加速，通过跨组织的战略合作获取竞争优势的现象越来越普遍。部分学者认为创新不再是企业的个体行为，而是一种系统性的活动。其中一派针对国家层面展开研究，发展成国家创新系统理论。1992 年，伦德沃尔（B. A. Lundvall）将国家创新系统领域的重要学者之作汇编成《国家创新系统：创新理论和交互学习》（*National Systems of Innovation Towards a Theory of Innovation and Interactive Learning*）一书，从组织、产业、公共部门、经济等不同层面不同角度深入探讨了国家创新系统的原理与方法，并以广阔的视角论述了专业化、一体化、跨国组织与国家创新系统的关系[201]。国家创新系统的另一重要里程碑是理查德·尼尔森（Nelson R. R.）的著作《国家创新系统：比较分析》（*National Systems of Innovation: A Comparative Study*），尼尔森所处的时代正值欧美工业增长停滞、日韩等新兴国家崛起之际。他观察到日本企业技术的进步有力地推动了国家政治、经济的发展，提出一个国家的竞争优势的主要来源是国家内企业的技术水平，而国家层面的行动（如资源配置、政策制定等）能促进该国企业创新和技术发展[202]。

（6）技术变革理论（见表24）。

表 24 技术变革理论相关文献引用突现分析

文献作者	年份	突现强度	开始年份	终止年份	1922～2019 年
Chesbrough H. W.	2003	23.6537	2012	2014	
Teece D. J.	1986	15.1795	2012	2019	
Anderson P.	1990	27.9675	2012	2016	
Dosi G.	1982	20.137	2014	2019	
Hargadon A.	1997	13.8472	2010	2014	
North D.	1990	11.7528	2011	2014	
Fleming L.	2001	58.4753	2014	2019	

技术变革理论与创新理论具有紧密的理论关联，甚至部分创新理论的研究会将技术变革归纳为创新研究的一个子主题，技术变革会带来巨大的技术创新。技术变革的实施方式及其所面对的变革环境，影响着技术变革的成功与否，而二者同样也是技术变革所讨论的核心内容。

关于技术变革理论构建方面，诺贝尔经济学奖得主道格拉斯·诺斯（North D. ）在 1990 年出版的《制度、制度变迁和经济绩效》（*Institutions*, *Institutional Change and Economic Performance*：*Institutions*）中对制度这一社会规则进行了全面阐释[203]，该书虽然没有直接对技术的变革与创新进行研究，但此书的影响深入到了以创新为主体的各项研究中，为之后的变革研究奠定了理论基础。大卫·梯斯 1986 年出版的论文《从技术创新中获利：从整合、合作、授权和公共政策中获利》（*Profiting from Technological Innovation：Implications for Integration，Collaboration，Licensing and Public Policy*）是技术创新可获益性研究的一座里程碑，是技术创新领域被引用最多的文章之一，文中提及的"创新中获利"（PFI）将创新与战略相融合，促使创新成为公司战略中尤为重要的一环[204]。基思·帕维特（K. Pavitt）作为科学和技术政策领域的重要学者在1984 年发表的《技术变革的产业模式：分类及理论》（*Sectoral Patterns of Technical Change：Towards a Taxonomy and a Theory*）一文中对英国自1945 年以来的2000 余项重大发明进行了归类：从企业的角度可分为供应商主导、生产密集化以及基于科学知识的创新[205]。这一发现对于理解技术变革的来源、企业多样性、技术和产业结构之间的动态关系以及企业、区域和国家技术优势的形成等课题有重大的意义。

以技术变革的实施方式为研究主题的理论成果有意大利经济学家乔瓦尼·多西（Dosi G.）在1982 年发表的《技术范式和技术轨道》（*Technological Paradigms and Technological Trajectories*）一文中，将技术范式与库恩科学范式相类比，形成了由科学进步、经济因素、产业特征以及已有技术路径中的尝试与障碍等因素构成的技术范式模型，试图解释连续型技术创新与离散型技术创新的过程[206]。而后这一关于技术范式的讨论在菲利普·安德森（Anderson P.）和迈克尔·图什曼1990 年的《技术不连续与主导设计：技术变革的周期模型》（*Technological Discontinuities and Dominant Designs：A Cyclical Model of Technological Change*）一文中得到进一步讨论。作者利用水泥（1888～1980 年）、玻璃（1893～1980 年）和计算机（1958～1982 年）行业的数据探讨了技术变革的模式以及技术突破对组织环境的影响，认为技术的发展是一个穿插着各种技术突破的循序渐进的过程，这些突破点可能提升（技术突破点）或者削弱（技术的非连续性）企业的竞争，从而极大地增强了环境的不确定性，但总的来说，开启重大技术变革的公司比其他的公司要成长得快[207]。2001 年，哈佛商学院教授李·弗莱明（Fleming L.）从技术创新层面探索了要素重组型创新与发明不确定性及效用性的关系。弗莱明采用了负二项式统计模型对美国专利进行计量分析，发现发明者如果对欠熟悉的技术要素重组，其发明专利的实用性更差，不确定性更高，失败发生的概率更高；但同时其产生突破性进展的概率也会增高[208]。

在技术变革与环境关系方面的重要作品是切斯布鲁夫（Chesbrough H. W.）的《开放创新：开发技术并从中获利的新规则》（*Open Innovation：The New Imperative for Creating and Profiting from Technology*）一书。本书提出了"开放式创新"这一概念，他认为企业在进行技术变革时应更多地运用外部渠道而不仅仅是内部资源。随着开放程度的进一步加深，企业及其所在的环境之间的界限将变得模糊，创新也因此能在其中更快速地转移。开放创新通过开放内部尚未开发的资源给外界使用以及充分利用外部思想来面对创新，从而达到降低成本、持续创新的效果[209]。

上文以时序视角对管理学进行了梳理，可以发现组织理论与战略理论一直贯穿于管理学的发展历程，在不同时期二者都会产生全新的理论发展方向，管理学在上述两大主导理论的支撑下不断走向繁荣。为了避免因人为时间划分而造成的理论割裂以及更好地展示理论发展全貌，本书使用部分篇幅对组织理论和战略理论进行梳理。

6. 组织理论梳理

组织决策、组织结构与组织环境三大主题始终贯穿于组织理论的发展中。然而不同时期其研究重点是不同的。在20世纪六七十年代组织理论研究的主体方向是以"科层制"为研究主题的组织结构理论和以马奇、西蒙为代表的组织决策理论，两大方向实则是对古典管理理论中的官僚组织理论和组织行为学中行为学派研究的继承发展。

伴随着社会理论和系统科学逐步引入组织理论的研究中，组织环境理论成为20世纪70年代后最重要的研究主题。组织环境理论探讨的主要内容是组织与环境二者之间的关系。这种关系延伸出两个理论派系：一派是坚持"环境决定组织"的权变理论学派；另一派是认为"组织可以影响环境"的战略选择学派。

两大学派在不断的论战中，自身的理论也得到了创新发展。20世纪80年代以来，"环境决定论"的相关学者以达尔文"自然选择学说"作为理论根基，应用大量生态学模型来分析组织与环境的关系，他们信奉组织在环境中的"优胜劣汰"，强调环境对企业的残酷选择。相关学者逐步将有关研究归纳为组织生态理论。而组织影响环境方向的重要探索是与新制度主义理论齐名的资源依赖理论，资源依赖理论强调了组织的主动适应性，极为重视企业对环境的主观能动作用，环境对组织虽有约束，但是也为组织的形式与行为模式留有自主变化的空间。

关于组织环境的研究一直延续到 20 世纪末。进入 21 世纪以来，伴随着知识经济和互联网经济时代的到来。组织理论的研究主题更多聚焦于知识工作者、知识管理、创新、社会网络等。该时期的组织理论更多和其他研究方向相结合，如社会网络与组织管理、战略联盟与组织管理、学习型组织的构建等。组织理论已经不再是一个完全独立的研究领域，各理论体系之间形成了大交融。

7. 战略理论梳理

近代以来，伴随着管理学的独立发展，战略成为了管理研究中极具吸引力与影响力的一大重要领域。自战略理论正式进入管理研究视野开始，战略研究的主导观点经历了从战略规划向战略管理的转变，并且战略管理持续成为战略理论学科研究的重点。战略管理的发展经历了从环境适应理论到产业组织理论再到资源基础理论与核心能力理论，进而到知识管理及创新理论的发展历程。

20 世纪 60 年代，钱德勒等打开了战略思想研究的大门，随后安德鲁斯提出了"战略规划"的理念，强调企业应主动预测并规划未来以适应外部环境。到了 20 世纪 70 年代，传统战略规划已不能应对多变的环境，环境适应学派登上了历史舞台，发展出包括逻辑改良主义等在内的多个思想分支。安索夫将传统静态的战略规划优化为动态规划，并首次提出了"战略管理"的概念。其后，明茨伯格又再一次对战略规划理论进行了批判修正，推动了战略规划向战略管理实质性的转变。这一时期的研究中也诞生了许多被沿用至今的经典分析工具，包括 SWOT 框架、安索夫矩阵及波士顿矩阵等。

20 世纪 80 年代产业组织理论兴起，突出了市场结构对企业绩效的影响，并认为企业战略的关键在于选择富有吸引力的行业并以相应策略取得竞争优势。这一时期极具影响力的波特提出了五力模型以分析行业结构，并总结了三项企业竞争通用战略。然而产业组织理论仍然过于强调环境对企业的影响力，对内分析不足，难以应用在同一行业的不同企业身上。

到了 20 世纪 90 年代，商业竞争愈发激烈，同行业不同企业绩效的差别让研究者将目光转向企业自身的不同特质，资源基础理论应运而生。这一理论认为，企业竞争优势的来源是自身所拥有的稀缺的、有价值的且难以模仿的资源。为了找到获得持续竞争优势的办法，有关"核心能力"的研究开始涌现，这一观点认为"组织的集体学习能力"即为企业的核心能力，即企业选择并实施战略的基础。随后出现的"动态能力"学说认为企业竞争优势取决于其积累并消化新知识、新技能的能力，一定程度上弥补了资源基础观应用在变动较大环境中的局限性。这一时期对知识能力的集中研究也引发了对知识管理及企业创新的高度关注。

2000 年后，知识管理、组织学习及企业创新再次回到了研究的热门地位，研究者对企业知识、学习与创新的关注至今仍热度未减。这一时期的观点认为企业需要不断创新，同时兼顾培养自身学习能力并继续保持其独有的知识能力，继而将极有助于企业获取并维持自身的核心竞争力。

（三）管理学研究前沿与新兴趋势

研究前沿是指在研究领域内学者近期频繁引用的文献集合所代表的研究主题。探索研究前沿能帮助学者在信息倍增的时代掌握最新的学术动态，分辨学界内的新兴趋势与热点话题，节约研究精力与时间成本。在实践中被广泛使用的前沿研究方法是共词分析法，其原理是统计每对词出现在同一文献中的次数、构建共词网络，以此测量关键词或主题词之间的亲属关系，揭示学科的结构变化和新兴趋势。共词分析法的结果较为直观，但共词网络的流动性可能使分析结果不稳定，单独使用此法分析研究前沿较为单薄。

另一常用的方法是突现词探测法（Burst Detection）。突现词是指一段时间内某一关键词或主题词在学术论文中出现频率激增的现象，能够定量地反映学术领域内的新兴趋势[210]。突现探测由 Kleinberg 于 2002 年提出[211]后受到学术界的广泛关注，十几年间相关算法不断被完善、发展，现已成为主流的研究前沿分析方法，可作为共词分析法的有力补充。

为了更全面地分析研究前沿，我们将结合共词分析与突现探测的方法，分别对主题词（Term）和关键词（Keyword）进行研究。

1. 共词分析

本文分别对主题词和关键词进行共词分析。在 CiteSpace 中，设定时间范围（Time Slideing）为 2000 ~ 2019 年，时间间隔（Years Per Slide）为 1，节点类型选择主题词（Term），并勾选名词性术语（None Phrases）；运行后形成主题词共现网络，得到 471 个主题词。本书保留了引用频次大于 100 且中心度高于 0.02 的主题词，共 16 个。按同样的流程生成关键词共现网络，得到了 160 个关键词，并保留符合筛选标准的 38 个关键词。

为了选出研究的前沿和热点话题，本书删除了无法判断相关主题的主题词、关键词（如 Model、Perspective 等）或单纯描述研究方法的主题词、关键词（如 Empirical Analysis、Managerial Summary、Research Summary 等），最终筛选出 29 个重要名词或名词短语（其中主题词 10 个，关键词 19 个），如表 25、表 26 所示。这 29 个词语反映了近 20 年管理学的研究前沿与新兴趋势。

表 25　主题词共现网络节点信息

序号	Freq	Degree	Centrality	Keyword
1	496	168	0. 24	Innovation
2	218	126	0. 16	Competitive Advantage
3	321	138	0. 13	Firm Performance
4	179	116	0. 1	Resource – Based View
5	137	105	0. 09	R&D

序号	Freq	Degree	Centrality	Keyword
6	141	99	0. 06	Patents
7	136	96	0. 06	Entrepreneurship
8	151	76	0. 05	Corporate Governance
9	110	77	0. 03	Performance
10	108	83	0. 03	Human Capital

表 26　关键词共现网络节点信息

序号	Freq	Degree	Centrality	Keyword
1	1688	81	0. 04	Performance
2	700	71	0. 04	Research and Development
3	679	86	0. 05	Industry
4	480	86	0. 1	Firm Performance
5	460	72	0. 03	Competitive Advantage
6	275	82	0. 07	Governance
7	273	61	0. 03	Productivity
8	264	62	0. 04	Entrepreneurship
9	263	70	0. 03	Resource – Based View
10	232	75	0. 03	Competition
11	224	63	0. 04	Behavior
12	135	67	0. 03	Information
13	1590	67	0. 02	Innovation
14	245	52	0. 02	Patent
15	222	63	0. 02	Strategic Alliance
16	171	52	0. 02	Dynamic Capability
17	160	55	0. 02	Collaboration
18	116	58	0. 02	Cooperation
19	110	44	0. 02	Exploration

从整体来看，近 20 年的管理学研究前沿与新兴趋势主要可以归纳为七个话题：创新、能力与知识管理（Innovation，R&D，Patents，Dynamic Capability，Exploration），绩效（Performance，Firm Performance，Productivity），竞争与竞争优势（Competitive Advantage，Competition），合作与战略联盟（Strategic Alliance，Collaboration，Cooperation），公司治理（Corporate Governance，Corporate Governance，Information），创业（Entrepreneurship）和资源基础观（Resource - Based View）。

2. 突现探测

为了更客观、全面地分析管理学前沿热点，本书还采用了突现词探测法以补充上文的共词分析。分别在主题词、关键词共现网络的控制面板中选择突现（Burstness）—查看（View）即可得到突现词列表。我们保留了突现持续时间维持到 2019 年的主题词和关键词，并删除了无法判断研究主题的或描述研究方法的主题词、关键词（如 Different Ways、Theoretical Implications、Managerial Summary、Empirical Test 等），最终筛选出 35 个名词和名词性短语（包括 13 个主题词和 22 个关键词），如表 27、表 28 所示。

表 27　主题词突现分析

序号	Terms	Strength	Begin	End	2010～2019 年
1	Performance Feedback	5. 8274	2017	2019	
2	Information Asymmetry	3. 7433	2017	2019	
3	Behavioral Strategy	3. 7433	2017	2019	
4	Resource Allocation	3. 7433	2017	2019	
5	Leadership	3. 4655	2017	2019	
6	Alliance Portfolios	3. 3269	2017	2019	
7	Managerial Discretion	3. 1962	2017	2019	
8	Behavioral Theory of The Firm	2. 9106	2017	2019	
9	Disruptive Innovation	2. 8003	2016	2019	
10	New Knowledge	2. 7852	2016	2019	
11	Mergers and Acquisitions	2. 6143	2017	2019	
12	Signaling Theory	2. 5199	2016	2019	
13	Collaboration	2. 4131	2016	2019	

表 28　关键词突现分析

序号	Terms	Strength	Begin	End	2010～2019 年
1	Corporate Social Responsibility	11. 8802	2016	2019	
2	Sustainability Transition	5. 7171	2016	2019	
3	Performance Feedback	5. 4457	2017	2019	
4	Labor Market	5. 3958	2017	2019	
5	Disclosure	5. 0439	2016	2019	
6	Institutional Change	5. 0439	2016	2019	
7	Technical Change	4. 8664	2017	2019	
8	Employee Mobility	4. 7848	2015	2019	
9	Alliance Formation	4. 6245	2016	2019	
10	Institutional Investor	4. 1974	2017	2019	
11	Employment	4. 1582	2016	2019	
12	Discrimination	4. 0835	2017	2019	
13	Specialization	4. 0835	2017	2019	
14	Social Construction	3. 3633	2017	2019	
15	Social Capital	3. 3617	2016	2019	
16	Market Value	3. 3483	2015	2019	
17	Board	3. 0268	2017	2019	
18	Collective Action	2. 9108	2017	2019	
19	Value Creation	2. 8294	2017	2019	
20	Ambidexterity	2. 546	2017	2019	
21	Institutional Theory	2. 4162	2016	2019	

　　突现词探测的结果中有四个管理学前沿热点话题与共词分析的结果重合：创新、能力与知识管理，绩效，合作与战略联盟，公司治理。同时，突现词探测还展示了四个不同的前沿研究方向：领导力（Leadership）、企业社会责任（Corporate Social Responsibility）、行为与决策（Behavioral Strategy, Behavioral Theory of the Firm, Collective Action）、员工与劳动力市场（Labor Market, Employee Mobility, Employment, Discrimination）。

　　综合共词分析与突现词探测的结果以及共被引网络中的施引文献背后的主

题。本书将管理学前沿热点与新兴趋势可归纳为三个大主题，包括战略管理、创新研究和公司治理；三大主题下又包含若干子主题，如能力与知识管理、绩效、竞争优势、合作与战略联盟、创业、资源基础观、企业社会责任等。从中可见管理学历经百年发展已形成庞大的管理学科丛林，研究主题亦越发丰富。

3. 战略管理

战略管理理论自20世纪60年代诞生以来，始终致力于探索帮助企业成功且维持成功状态的方法。通过高频关键词的统计结果可以看出，直至今日，战略管理的核心研究仍然围绕企业绩效展开，这也正是所有企业经营者最关心的问题之一。在解读企业绩效方面，当前学者仍然延续了20世纪90年代兴起的主流研究视角，包括以异质性资源的视角分析企业竞争优势的构建，以动态能力、吸收能力的视角探讨企业竞争优势的维持，以战略联盟的视角讲述企业在竞争与合作中出现的知识转移及其对企业创新的促进作用。下文将围绕企业绩效、资源基础、竞争优势及动态能力子主题开展的当前研究及未来趋势进行简要介绍。

（1）企业绩效。

绩效是企业战略管理的直接目的，也是一直以来战略管理研究的核心。企业取得好的绩效意味着以较低的成本换取了较高的回报，其衡量指标通常包括盈利能力、运营能力及偿债能力等。当前战略管理研究的各个主题都与绩效息息相关，最终都会落脚在绩效之上，如公司高管相关研究的一大主题即是分析高管行为对企业绩效的影响。具体来看，企业绩效的研究前沿主要包括以下几个方向：

- 企业技术创新及发明活动与绩效的关系；
- 企业产品制造及采购决策与绩效的关系；
- 企业组织控制及组织结构对绩效的影响；
- 市场需求变化以及多元化对绩效的影响；
- 人力资源管理及员工福利对绩效的影响。

（2）资源基础。

在回答战略管理研究核心议题，即回答"为何有些企业的绩效总是强于他人"时，产业组织理论曾试图从市场势力出发作答，这一解释在引领潮流后不久即因无法解释同行业企业间持续存在的绩效差异而受到挑战，其后出现的资源基础观点则因其基于企业拥有的异质性资源的有效解释在学界与商界掀起了研究热潮。资源基础观点引发了对企业不同资源与绩效不同影响的持久不衰的研究，其研究前沿主要包括以下几个方面：

- 企业资源的积累及整合路径演变；
- 企业资源管理行为对绩效的影响；
- 企业资源配置策略对创新效益的影响；
- 人力资源流失对企业创新及绩效影响；
- 资源关联性对企业内部发展及协同决策影响；
- 企业资源质量与部署能力对绩效的协同影响。

（3）竞争优势。

如果说绩效是企业战略管理的最终追求，那么竞争优势则是企业实现卓越绩效的直接手段。企业相比同行业对手所具备的额外竞争优势即是企业绩效来源的有力保障。资源基础观点侧重于以异质性资源构建竞争优势获取卓越绩效，专注竞争优势的相关研究则偏重于使竞争优势得以长久维系的方法与路径。具体来看，竞争优势的研究前沿主要包括以下几个方面：

- 技术创新及战略决策对竞争优势的影响；
- 后发企业追赶建立竞争优势的相关研究；
- 动态能力培育与企业绩效及竞争优势关系；
- 行业规则改变对企业维持利润优势的影响。

（4）动态能力。

竞争优势的相关研究中诞生了能力理论，随后陆续出现了"核心能力"及"动态能力"等概念。从高频统计词来看，对能力尤其是对动态能力的相关研究在当前仍保持了较高的热度。动态能力是对资源基础理论及竞争优势理论的进一步发展，衡量的是企业发展新能力作为持续竞争优势来源的能力，包括企业积累和消化新知识及新技能的能力。随着知识时代的来临，探讨企业知识相关的研究日益增多，关于动态能力的研究也日渐多元，其研究前沿主要包括以下几个方面：

- 动态能力的培育、评价、维持与更新；
- 企业能力与议价能力的共同演化研究；
- 企业获取新能力以适应环境变化的相关研究；
- 开放创新及吸收能力对企业成功的影响研究；
- 外部知识来源与企业灵活调整战略能力关系。

4. 创新研究

一个世纪前，熊彼特开创性地提出了创新理论，并将创新视作推动社会经济发展的重要驱动力。而在市场瞬息万变，技术、知识快速更迭的今天，创新依然对企业与社会发展起着至关重要的作用，是学术界的重点研究主题之一。伴随着社会的不断变化与发展，创新的基础来源、形成机制、传播方式愈加复杂，学界对创新的研究视角、层次也愈发丰富多元；同时，创新与知识管理、战略联盟、创业等领域呈现交互融合的趋势，社会网络的研究方法也被引进创新研究中。

（1）开放式创新。

在过去的20年间，企业的创新活动范围、形式逐渐多元。企业创新不仅来自组织内部的研发部门的成果，更是产生于与组织外部消费者、学校或其他企业的互动合作。学界对创新的研究视角也更为开放，研究层次由微观到宏观，强调创新的系统性。开放式创新的前沿研究主要包括以下四个方面：

- 内外部创新活动平衡与开放悖论；
- 开放式创新绩效与企业市场价值；
- 开放创新风险与内外部创新阻碍；
- 国家系统创新与国家间合作创新。

（2）知识管理与创新的融合。

创新与知识密不可分，知识是创新的基础与来源，而创新贯穿于知识的创造、传递和应用的全部过程。现有知识是创新的基础，企业要善于从组织内外部搜索知识，为创新提供源泉；同时企业要注重现有创新知识成果的转化、管理与保护。知识管理与创新在管理学领域的融合主要包括以下四点：

- 创新来源与组织内外部知识的搜索获取、整合吸收；
- 跨国企业与子公司间的创新知识传递；
- 创新知识的溢出效应与保护策略；
- 创新知识的成果转化与商业价值。

（3）战略联盟视角下的创新。

随着市场的全球化与一体化进程加快，仅依靠企业内部资源的优势已很难保证在市场竞争中取胜，单个企业承受了更大的生存竞争压力。20世纪80年代以来，跨国公司纷纷寻求合作，全球市场从企业"竞争"走向"竞合"，在此过程中形成了一些卓有成效的战略联盟。战略联盟作为组织间的一种资源互通互补的有效途径，也一直备受学界关注。尤其是企业间、校企间的知识传递、相互学习、合作研发等内容一度成为管理学界的热点研究主题，也是创新的重要研究方向。本书将战略联盟视角下创新的前沿研究归纳为以下几点：

- 研发联盟的形式性质、人力构成及相互作用；
- 产学研的合作机制、商业价值及影响因素；
- 战略联盟内的创新知识扩散、外溢效应及保护策略；
- 战略联盟内的差异程度、互动方式对企业创新的影响；
- 战略联盟内的权责安排、投资组合对企业创新的影响。

（4）创业与创新的交互。

创新与创业一直有着密切的联系。"创新之父"熊彼特认为，创新的主体是企业家，企业家的职能是实现创新。企业家能够提供实现创新所需的资金与设备，实现创新的商业价值[212]。战略管理大师德鲁克认为，创新是创业的灵魂，创新给企业家实现创业的可能[213]。总结学界的研究，创新与创业的关系可概括为：创新是创业的源泉，创业推动创新发展[214]。在管理学的研究前沿中，创业与创新的交互可归纳为以下四点：

- 创业与创新的融合与差异；

- 学者创业与学术创新实践；

- 员工兼职创业与创新行为；

- 员工自主创业与创新知识的扩散和探索。

（5）基于社会网络的创新研究。

社会网络分析结合了图论、概率学、几何学的研究成果，是研究网络形态、过程、相互作用的有效分析工具。这种分析问题的视角也被引入管理学的研究中；在创新领域，社会网络也提供了研究企业家网络、发明家网络、组织间合作网络的重要工具，成为研究创新知识、信息、人才分布、流动的主要手段。基于社会网络的创新前沿研究可归纳为以下两点：

- 合作网络对企业的组织学习与研发创新的促进作用及影响因素；

- 科技发明者合作网络的结构特点、合作形式对企业创新的影响。

5. 公司治理

20 世纪 80 年代后期，部分西方发达国家进行了"放松管制"的运动，大量金融公司和资本巨鳄大肆整合市场，掀起了恶意并购的浪潮，再到 90 年代后期恶意做空招致的东南亚金融危机，以及 21 世纪初安然、世通公司造假丑闻事件的揭露和 2008 年金融体系"过度创新"导致金融危机的全球蔓延。这些事件的发生不仅使公司治理变得家喻户晓，也使相关企业界人士和政策制定者认识到公司治理制度的薄弱所带来的潜在长期后果。40 年来，公司治理不仅成为了有关实务界关注的热点，更是在理论研究中得到了越来越多的重视。公司治理前沿研究热点主要聚焦于公司治理行为与结构、高管行为研究、企业社会责任以及利益相关者研究等主题。

（1）经营者研究。

传统公司治理理论描绘了一个"股东、监事会、董事会及高管人员"之间的逻辑关系，从经济学的基础上假定了股东（委托人）和经营者（代理人）的利益是不一致的，公司代理问题的主要矛盾是股东层与经营层之间的利益冲突，经营层具有谋取自身利益的强烈动机，被称为"贝利—米恩斯命题"[215]。因此，公司治理的一个重要研究方向是围绕经营者（高管）展开的。

本书认为，经营者研究的前沿主要围绕以下四个主题展开：

- 高管薪酬制度与公司利益保护的研究；
- 高管特质与公司绩效的实证研究；
- 高层管理团队的特质与创新的关系；
- 高管领导力（高管—下属关系）方面的研究。

（2）公司治理行为与结构。

股东与经营者之间的冲突属于第一类代理问题，然而当股权集中到一定程度后，控股股东能够对企业实施实质上的控制，代理问题将从第一类代理冲突转移到控股股东和小股东之间的第二类代理冲突。控股股东有足够的权力和影响力来控制公司的各种决策来为其谋取私利。因此，公司治理开始研究在委托代理制度下如何构建有效的企业内部股东约束制度和治理结构，以及开始以所有权集中和控股股东为出发点的相关研究。此类研究也使公司跨入了一个革命化的新阶段，成为公司治理研究的主流方向之一。

本书认为，公司治理行为与结构的研究前沿主要围绕以下四个主题：

- 控股股东与小股东之间的利益冲突；
- 在并购重组背景下各方主体的利益保护；
- 董事会行为与作用的再定义；
- 不同公司治理模式效果的研究。

（3）利益相关者研究。

以委托代理为导向的治理理论只提出了代理人与委托人之间的问责机制，并未站在组织社会学的主体上综合考虑复杂性的组织影响[216]。对股东、董事会和管理层之间关系的约束研究只是一种狭隘的公司治理视角，如果用社会学的角度来研究就应该采取一种更广泛的治理模式。而利益相关者理论逐渐成为公司治理机制的全新领域，利益相关者理论引入多方利益相关者和多重目标的理念，扩大了委托—代理理论的代理人和股东之间的利益以及和多方利益相关者之间的利益分歧[217]，日渐成为必不可少的公司治理理论。

本书认为，与利益相关者有关的研究前沿主要围绕以下三个主题：

- 利益相关者视角下高管行为分析；

- 构建保护利益相关者的组织结构；
- 不同公司战略模式对利益相关者的影响研究。

（4）企业社会责任。

企业社会责任同样也是近年来公司治理方面的研究热点，企业社会责任的研究是基于一个更为宏大的利益相关者视角，它融合了企业公民理论的相关概念。企业公民理论认为企业的成功与社会健康发展密切相关，社会赋予企业生存的权力，企业就必然要为社会的更加美好而承担责任[218]。由此来讲，公司治理的责任内核不是委托代理而是企业社会责任（CSR）。

本书认为，关于企业社会责任的研究热点与前沿主要有：

- 跨国企业的社会责任研究；
- 社会责任视角下环境保护方面的研究；
- 对员工进行相关企业社会责任的保护；
- 将社会责任纳入战略规划；
- 承担社会责任与企业绩效的联系。

（四）管理学与其他学科的交叉融合

回顾管理学百年的历程，其诞生与发展涉及多个学科间知识的相互交流与相互渗透。管理学与其他学科的交叉融合也孕育了新管理思想理论与研究前沿。为了进一步研究管理学与其他学科的交叉情况，梳理管理学的学科结构，本书将采用期刊文献计量学中期刊共被引方法分析学科间的知识来源与知识流动。

学科期刊是科学研究成果的重要载体，也是学术发展过程中的重要交流媒介与沟通渠道，以学术期刊为单位的共被引分析是研究学科结构的重要计量学方法。与文献共被引类似，期刊共被引同样是基于对文献的引文分析，当两种期刊的论文同时被引用时，二者产生共被引关系。而期刊共被引与文献共被引不同的是，期刊共被引的研究单元是一种期刊，通过提取引文中的文献来源信息，建立期刊共被引网络。在共被引网络中，中心度高且引用频次高的节点代表核心期刊，对管理学的发展有重要影响；而引用频次或中心度较低的节点居于网络中的边缘，代表管理学影响较低的期刊。期刊共被引网络可描绘出管理学的知识来源分布，展现管理学与其他领域间的知识流动与扩散情况，有助于本书进一步研究管理学的学科结构。

本书应用 CiteSpace 软件对期刊共被引网络进行计量与可视化，具体 CiteSpace 参数设置如下：时间分割（Time Slicing）设置为 1900～2019 年，每一分割内（Years Per Slice）设定为 1 年；主题词来源（Term Source）同时选择标题（Title）、摘要（Abstract）、作者关键词（Author Keywords，DE）和提取关键词（Keywords Plus，ID），节点类别选取 Cited Journal，阈值选择（Threshold）以 TOP50 为限制，其余时段切割值由线性插值赋值。运行 CiteSpace 软件得到可视化的期刊共被引网络图，如图 5 所示。

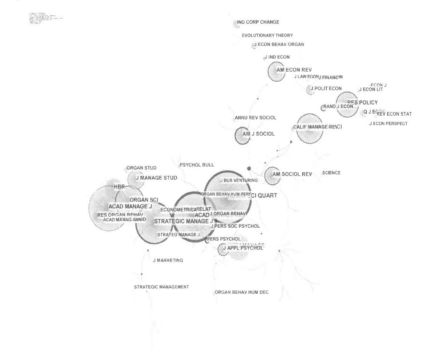

图 5　管理学期刊共被引网络图

本书对期刊共被引的结果进行筛选，以期刊共被引网络中被引频次（Freq）以及共被引网络中心度（Centrality）作为筛选标准，选择被引频次高于 200 次同时中心度大于 0.05 的期刊，最终统计出 25 种管理学领域的热点期刊，之后以社会科学引文索引（SSCI）的学科分类对 25 种期刊进行学科统计，部分期刊的研究领域会涵盖多种学科，形成跨学科研究，因此会出现一种期刊有多个学科分类的情况，最终结果如表 29 所示。

表 29　期刊共被引网络分析

序号	Freq	Centrality	Sigma	Source	H－L	SSCI 学科分类 I	SSCI 学科分类 II
1	6947	0.99	5.5416E+26	Adm Sci Q	49	商业及应用	管理学
2	6182	1.12	1	Acad Manage Rev	30	商业及应用	管理学
3	6174	0.11	1	Acad Manage J	36	商业及应用	管理学
4	5472	0.78	1	Strategic Manage J	27	商业及应用	管理学
5	4449	0.07	3.70982E+18	Harvard Business Jul	67	商业及应用	管理学
6	4252	0.39	1	Manage Sci	41	管理学	
7	4237	0.35	1	Organ Sci	20	管理学	
8	3635	0.27	3.46	Res Policy	33	管理学	
9	3118	0.12	1	J Manage Stud	39	商业及应用	管理学
10	3104	0.26	1.73032E+11	Am Sociol Rev	46	社会学	
11	3068	0.22	1	Am Econ Rev	30	经济学	
12	2946	0.43	8431829.51	Am J Sociol	48	社会学	
13	2464	0.21	3.77	J Appl Psychol	45	管理学	应用心理学
14	1866	0.05	1	Q J Econ	30	经济学	
15	1718	0.12	1	J Polit Econ	29	经济学	
16	1646	0.05	1	J Pers Soc Psychol	32	社会心理学	
17	1280	0.38	1	Rand J Econ	20	经济学	
18	1245	0.41	104.61	Pers Psychol	40	管理学	应用心理学
19	1235	0.11	2.46	J Econ Behav Organ	19	经济学	
20	1115	0.12	2.94	J Ind Econ	26	商业与金融	经济学
21	902	0.05	89.15	J Bus Venturing	13	商业及应用	
22	634	0.09	272.29	J Law Econ	17	经济学	法学
23	630	0.19	4.68	Organ Behav Hum Perf	17	管理学	应用心理学 社会心理学
24	454	0.07	2.69	Social Psychol Org	9	心理学	
25	256	0.11	10.22	Hdb Ind Org Psychol	9	应用心理学	

根据表 29 我们可知，目前管理学领域的热点期刊所属学科主要为以下几类：管理学类（管理学、商业及应用）、经济学类、社会学类、心理学类（应用心理学、社会心理学）以及法学。经济学类主要有：*Am Econ Rev*、*Q J Econ*、*J Polit Econ*、*Rand J Econ*、*J Econ Behav Organ*、*J Ind Econ*、*J Law Econ*；社会学类有：*Am Sociol Rev*、*Am J Sociol*；心理学类有：*J Appl Psychol*、*J Pers Soc Psychol*、*Pers Psychol*、*Organ Behav Hum Perf*、*Social Psychol Org*、*Hdb Ind Org Psychol*；法学类有：*J Law Econ*。从学科出现频次角度分析，与管理学交融程度最高的学科主要是经济学、社会学以及心理学。下面对不同学科与管理学的交叉融合进行介绍。

1. 管理学与经济学

管理学自诞生以来与经济学有着千丝万缕的联系。在管理学的萌芽期，以泰勒为代表的科学管理理论将古典经济学理论中的"经济人"假设作为理论前提基础，把利益最大化的经济目标作为企业的管理目标，在这种科学管理理论主导下，管理学聚焦于效率问题，追求企业经营生产中的高效益与低成本，而这与经济学的核心研究内容——高效率地配置稀缺资源不谋而合。

随后管理学的发展历程也一直受经济学主流思想的影响，并不断地吸收了经济学的前沿研究成果。其中影响最深远的当属以企业契约理论、交易费用理论、产权理论、委托—代理理论为核心的新制度经济学，其打开了企业的"黑箱"，界定了企业的本质与边界，为管理学领域中有关组织结构、治理机制、战略决策等方向的研究奠定了坚实理论基础。管理学中著名的组织演变理论、委托—代理理论、资源基础观理论等都或多或少地受到了新制度经济学的影响，从制度主义的范式展开管理学的研究。

经济学不仅是管理学的重要理论基础，还为管理学研究提供了有效的分析方法。例如，基于交易费用理论的企业效益分析、基于博弈论的组织选择分析以及组织间合作竞争分析等。不仅如此，管理学的分析框架也参考了经济学分析论证的步骤，近代经济学领域的分析论证倾向于运用计量模型使分析具体化，管理学也逐渐重视实证分析。可以说经济学为管理学的研究提供了标准与模板，推动了管理学研究的深化与拓展。近年来，两个学科间相互渗透与借鉴的趋势愈发明显，以至产生了一些明显的交叉学科——经济管理学和管理经济学。

2. 管理学与社会学

管理学与社会学的交叉融合一直是学术界所讨论的热点问题。从学科角度，关于管理学究竟是独立于社会学之外还是从属于社会学的问题，至今仍没有定论。但可以确定的是管理学与社会学在学科知识基础、研究方向以及研究方法上具有十分紧密的联系。

社会学与管理学最早的联系可以追溯到行为科学时期，此时期著名的人际关系学派以及以巴纳德为代表的社会系统理论的研究方向都十分显著地体现了社会学的应用性，此时关于社会学的讨论仍局限于管理是一种简单人际关系的处理活动。然而，管理学丛林不断繁茂，管理学探讨的内容范围也不仅限于人际关系管理，部分管理学研究对象开始发生改变，开始聚焦于财务、生产、销售、服务、责任、义务、承诺以及信仰等活动，或许在直观理解上这些研究主题与社会学研究方向无关，实则不然，这一系列新的研究方向背后都存在着"人"的因素，都由人所影响，因此社会学与管理学发生了新的融合，产生了一系列新的方向，包括种群生态理论、资源依赖理论、企业社会责任、社会网络等。

目前，管理学与社会学结合产生了一些全新的学科研究方向，如管理社会学、社会管理学、公共管理学等。在今后较长的一个研究周期内，社会学仍将是管理学重要的交叉研究方向。

3. 管理学与心理学

管理学是对组织的研究，更是对构成组织的人的研究，因而有关人心理的研究自然而然地对管理学产生了重要影响。心理学对管理学的影响最早体现在工业管理中，两者于20世纪初结合形成了对管理学后续发展影响深远的工业心理学，也为管理心理学的出现奠定了重要基础。工业心理学主要研究工业生产中人的行为规律及心理活动，在其诞生之初，科学管理正逢其时，人们的关注点更多放在提升工人作为工具人的生产效率之上，对人本身的关注并不多，因此心理学及其相关知识一直到霍桑实验之后才引起学界与实践界的高度重视。

霍桑实验引发了心理学及社会学等各领域学者对于人及人际关系研究的热潮，随着各类研究成果的累积，心理学与其他学科一同促成了行为科学的诞生。行为科学注重借鉴自然科学的实验与观察方法，对人在不同环境中的行为进行研究并将成果发展为一般性理论。与此同时，社会心理学又在个体行为研究之外，增添了对群体心理研究的关注，进而发展至对整体组织心理的研究。社会心理学的发展与行为科学一同将早期的工业心理学拓展成为如今的管理心理学，又称组织行为学，为人们解决组织管理问题、提升劳动生产效率做出了重要贡献。

4. 管理学与法学

根据期刊共被引网络分析结果可知，目前法学与管理学已经有了融合的迹象，法学与管理学的融合是通过法经济学这一理论体系间接联系的，目前还未出现管理学与法学直接联系的学科体系。但从实际应用的情况来看，法学与管理学已经在许多方面实现了结合。

管理学结合法学的主要研究方向在于：如何用法律的规章制度去规范企业的运行与发展。例如，董事会合法结构的构建，公司治理的合法流程，公司决议的合法性，等等，研究目的更倾向于强调企业流程的合规，偏向于对商业公平的探讨。

而法学结合管理学的主要研究内容聚焦于以"商业"为核心的各项法律，如《公司法》《合同法》《经济法》《破产法》等。在相关"商业"为核心的法律研究中，法学往往会借鉴管理学的理论去论证法律条款的有效性与合理性，并以此为理论根基，实现对相关条款的优化升级，研究更偏向于对法律效率的探讨。

四、法商管理产生的逻辑基础

（一）法商管理的学理脉络

1. 法商管理范式的知识结构

库恩认为，科学是达尔文式的，理论革命经常就好似物种形成的事件——一个物种分裂为两个，或是一个物种本身不变，但却衍生出另一个独立的变种，追随着它的轨迹[219]。一个新理论的出现，必然是从传统理论中实现继承与突破，新理论无法避免地会遵循传统理论的发展轨迹，带有传统理论的特点，而传统理论所形成知识基础与知识结构自然而然地会为新理论所借鉴和使用。这样的规律同样适用于法商管理理论。

根据第一部分对管理学百年积累成果的实证分析，目前管理学主要的知识结构为组织理论、战略理论、代理理论、社会网络分析理论、知识管理理论、战略联盟理论。如若分析每一部分知识结构背后的本质可以发现，其本质与法商管理战略架构要素组织、资源、业务、权益具有一个或多个关联。接下来，将对管理学主要的知识结构与法商管理战略架构要素之间的关系进行解析。

（1）组织。

对企业组织的研究贯穿于管理学的发展之中，组织也是法商管理战略架构的核心要素之一。基于前文对管理理论的梳理，本书认为组织理论、代理理论以及社会网络理论实质上是在探讨组织的相关问题，以上三个理论也形成了法商管理组织部分知识结构的主干。

组织理论、社会网络理论、代理理论目前主要的研究方向为组织治理结构与机制、组织行为与决策、组织内部强弱联系等，上述研究方向的部分成果也成为法商组织研究的基石。组织理论最初聚焦于组织内部的研究，包括组织的层级架构、职能设置、制度机制，同时组织理论吸收了社会学、心理学领域的前沿知识，将研究视角转向组织中的人际关系、行为方式与决策模式，上述组织研究为法商组织设计、法商组织决策以及对于组织内个体权益的研究提供了理论借鉴与指导。伴随着图论、数学逐步应用于社会科学中，社会网络相关概念开始兴起，研究学者运用社会网络的相关方法，开始以动态视角研究组织内个体与群体间的相互作用、组织内非正式的联系网络以及权力运作与升迁的过程等，社会网络理论为法商管理在组织方面的研究提供了新的分析工具与研究思路。代理理论则更多聚焦于组织的治理话题，其分析组织内代理的动机与风险，研究组织内的治理体系、激励机制与控制机制。代理理论也成为法商治理价值研究的重要理论来源与理论支持。

（2）资源。

资源是企业创造价值的基础与主要来源，也是法商管理战略架构所研究的核心内容之一。本书认为，战略理论、知识管理理论、战略联盟理论背后的本质探讨的是资源问题，而这三者也形成了法商管理资源部分知识结构的主干。

在战略理论中，以资源基础观、竞争优势理论为代表的研究，其所探讨的对象聚焦于企业资源，包括有形资源、无形资源以及企业能力资源。以资源基础理论为例，该学派学者探讨了资源的概念、类别与范围，论证了资源及资源配置对企业取得与维持市场竞争优势的关键作用，该理论为法商管理界定资源的范畴以及重要性提供了理论支持。该派学者还提出了与长期竞争优势相关联的资源特质：资源的有价性、稀缺性、不可模仿性与不可替代性，为资源的评价提供了四个维度。竞争优势理论学者则更关注企业配置资源的能力，论述了"核心能力"的重要性以及识别手段，推动法商理论研究把企业能力纳入企业战略资源分析的基本框架中。

进入知识经济时代后，知识开始作为一种具备特殊战略地位的资源备受学界关注。而知识管理理论、战略联盟理论的研究开始探讨知识的获取、传递、转化、更新、保护过程等话题，上述的研究成果也形成了法商理论下知识资源研究的知识基础与结构。同时，创新也成为知识管理理论、战略联盟理论的重要研究范畴。以创新为主题的知识管理理论主要探讨了创新活动类别、创新发生机理、创新影响因素以及管理、激励制度，其为法商理论中发展价值的提出与深化提供了重要的借鉴思路；战略联盟针对创新的探讨更多聚焦于知识资源的传递转移与保护策略，也为法商理论针对企业创新资源的权益安排研究提供了方向。

（3）业务。

业务是指公司经营于其中的产业及其在每个产业中所采取的竞争战略[220]。业务通常是公司经营成果最为直观的体现，常以结果的形式进行呈现。本书认为战略理论、知识管理理论、战略联盟理论的本质所探讨的除了资源问题外，同样也是业务问题，这主要是由于资源与业务因素本身就具有很强的相关性，二者在一定程度上可以理解为"投入与产出"的关系，资源是投入生产的原材料，而业务则是经过加工所形成的产品，但资源与业务的关系又不仅限于"投入与产出"，二者在"强联系"上又保持相对独立，因此需要将资源与业务单独进行分析讨论。目前，战略理论、知识管理理论、战略联盟理论同样形成了法商管理业务部分的知识结构。

根据业务的定义可知，业务在很大程度上是在探讨产业与竞争的问题。因此，战略理论与战略联盟理论中有关产业及竞争研究的部分，自然而然地会成为法商管理在相关领域研究的知识基础。战略理论中以波特为代表的竞争优势理论、以巴尼为代表的资源基础理论以及以鲁梅尔特为代表的战略过程理论都对竞争环境、竞争策略、竞争资源等竞争话题进行了阐述。同时，近年来战略理论中关于多元化业务布局、并购等话题同样也是管理学界的热点。战略理论的相关研究成果为未来法商在竞争方向的研究提供了指引。

进入知识经济时代后，企业所面临的竞争因素发生了翻天覆地的变化，知识密集型产业成为了主导产业，同时智力资本也成为了影响公司发展的关键竞争资源。处于新产业竞争背景下的企业如何获取竞争优势，成为了法商管理理论亟待解决的问题，而知识管理理论中有关组织学习、知识基础、知识创新等理论对于相关问题的解决进行了初期有价值的探索，并且相关理论成果为法商管理理论所接纳与认可，因而相关研究也将成为法商管理理论的重要知识基础。

（4）权益。

权益作为法商管理的核心概念直观地体现了法商管理的创新性。实际上，在管理学的演变发展中代理理论、战略联盟、组织理论、社会网络理论等都曾对"权益"进行了探讨，上述理论研究的方法与成果也构成了法商管理对权益安排研究的知识结构主干。

代理理论的核心议题是企业所有者与经营者、大股东与小股东、经济股东与社会股东之间的利益冲突问题。这种冲突实际上反映了主体权益安排的困难性与复杂性。相关学者通过设置监督与激励机制约束主体行为，保护利益相关者权益，而相关研究对法商管理权益的合理安排以及主体权益的限制与保护等问题提供了理论借鉴。

组织理论与战略联盟理论主要探讨了权益机制的制定问题。组织理论的开端是对组织结构的研究，学者通过设计组织的形态结构、制度原则、权力分配规则等来明确决策体系与分工协作机制，实现妥善地协调员工个人之间、员工与管理者之间、个人与组织之间的权益关系。战略联盟理论则打破了组织的边界，将权益安排问题提升到不同组织之间的层面，研究内容不仅包括对己方权益的保护问题，还涉及组织间合作的权责边界、利益共享与分配等。组织理论与战略联盟理论共同为法商管理的权益机制的制定，提供了实践方法与理论分析。

发端于社会学的社会网络理论在本质上就蕴含着对社会权益关系问题的探讨，社会网络理论认为社会情境下的人由于彼此间的关系纽带，进行相似方式的思考和行事。这种对于"社会性"的认可，便意味着社会网络理论无法避免地需要对相关权益关系进行研究。而"结构洞""嵌入性""强、弱联结""社会资本"等社会网络理论的核心概念，同样蕴含着权益研究的主题。

（5）法商"赢三角"管理战略架构。

组织、资源、业务和权益共同构成了法商管理理论的知识结构，未来将沿着四个方向不断实现研究的开拓创新，扩充法商管理的研究范围与研究深度，夯实法商管理的知识基础与知识结构。同时，孙选中对以上四个要素进行了深层次的逻辑阐释与创新，组合形成法商"赢三角"管理战略架构[221]（见图6）。

图6　法商"赢三角"战略架构

2. 法商管理范式下的效率与公平观

根据孙选中对法商管理的定义："法商管理就是指基于效率与公平均衡的价值观和方法论进行有效的主体权益安排，以实现组织健康持续增长的目标。"[221]法商管理并不是追求极端的效率与公平，而是追求实现效率与公平的均衡。从定义可以发现，效率与公平是法商管理的两个重要的价值追求，因此，以知识基础与知识结构角度论证法商管理的逻辑基础，需要从效率与公平两个方面出发。

"'法商管理'是一个复合概念，由管理、商、法三个子概念构成，其中'管理'是目的，是法商管理概念的核心。"[221]孙选中的表述清晰地指明了法商管理的学科归属，法商管理的概念属于管理学与管理方法的范畴，法商管理在学科上应属于管理学。因此，经典管理的知识基础与知识结构必然可以为法商管理所借鉴和使用，并构成法商管理逻辑基础的重要部分。

但从浅层知识点角度分析，经典管理的研究聚焦于个人、组织、资源等，不同理论之间论述思路和分析框架迥然不同，难以直接分析得出某一理论是另一理论的知识基础与知识结构的结论，不利于宏观把握理论发展的逻辑。深入挖掘不同理论背后的相同，则更容易从本质上把握各理论之间的联系。这种相同的本质就是理论的价值观或者说是价值追求。

实际上，"效率"一直是经典管理的核心价值追求，这一观点在管理学界已经形成了相对统一的认识[221-222]。斯蒂芬·罗宾斯（S. P. Robbins）认为"管理就是要追求效率和效果"[223]；管理学大师哈罗德·孔茨（H. Koontz）和海因茨·韦里克（H. Weihrich）也表达了类似的观点，二人在《管理学》一书中对"管理"的定义被公认为经典和权威，他们认为："管理就是设计和保持一种良好的环境，使人在群体中高效率地完成既定目标。"[224]在追求效率价值观的影响下，管理学形成了以"效率"为核心发展主线的知识基础与知识结构。

从学科分类的角度，作为管理学范畴的法商管理必然要将效率作为重要的研究内容，关于效率的研究成果也构成法商管理理论的重要理论基础，可以为法商管理所扬弃。所谓扬弃，即对事物的批判继承，首先必须要承认经典管理理论中关于效率的研究存在很多值得学习和借鉴的闪光点，一些理论点至今对企业管理仍具有重大的指导意义，法商管理需要将这些值得借鉴的闪光点有机地融合进法商管理理论体系。但这种融合需要避免原封不动地照搬，受制于经典管理追求效率价值观的影响，经典管理大多追求极端效率，对于公平持忽视态度，法商管理需要取其精华，去其糟粕，避免单一追求效率或者单一追求公平，而是要实现效率和公平的均衡。

（1）基于效率的梳理。

百年来，管理学关于效率的研究目标呈现出，从单一个体向多组织主体发展的趋势。通过对第一部分管理学知识基础与知识结构的研究内容结论的归纳，本书认为管理学关于效率的研究经历了个人效率研究时期—组织内部效率研究时期—组织间竞争效率研究时期—组织间合作效率研究时期—共赢效率研究时期，如图7所示。同时，在不同时代，效率也具有不同的呈现形式和表现特征。

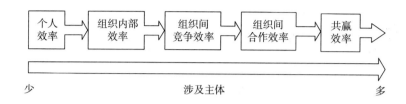

图7　管理学关于效率的研究趋势

第一，个人效率。个人效率时期的主要研究对象是工厂中的工人，此处的个人效率更多是指每个工人在单位时间内完成的产量。对工厂主来说，提高个人效率即意味着在相同时间内获得更高的产出，也意味着达到一定产量所需的时间投入与工人薪酬投入减少。回溯管理学发展历程，对个人效率的极致追求始于科学管理时代。19世纪后期，工业革命的发展使美国各行各业都迫切需要一种组织生产、扩大规模的管理方法，科学管理思想的出现极好地满足了这种需求，同时也令近代管理学的研究驶入正轨。

在科学管理出现之前，工厂的管理仅凭经验进行。管理者依据惯例来制定每日产出标准，对工人个体真实的劳动速度所知甚少，而工人出于自我保护的目的也拒绝展现出高效工作的能力，因而出现了典型的"磨洋工"现象。管理者与工人对合理工作量的模糊感知使得双方冲突不断，同时也大大降低了社会范围内的劳动效率，造成许多不必要的资源浪费。为解决以上问题，科学管理从开展工时研究及设计激励机制入手，对个人效率的提升投入了极大关注。

工时研究分为分析与综合两个阶段[3]，前者将每项工作拆分为数个基本动作，筛选出其中最为必要的部分，接着对这些必要动作进行考察，确定最高效的动作完成方式并加以记录；后者按照正确顺序将前者确定的动作进行组合，最终得到完成一项工作所需的合理时间及具体操作办法。工时研究促进了工作流程的标准化，也为激励机制的制定提供了准绳。科学管理认为合理的报酬激励计划可以有效提升工人个体的劳动效率，同时缓和紧张的劳资关系。在报酬体系设计中，科学管理根据工时研究的结果，制定工人的产量标准与计件工资率，规定更快完成工作的工人将享受更高的计件工资率，且工人的报酬完全依照个人绩效而非职位支付。科学管理的倡导者确信这样的机制设计可以充分调动工人的积极性，最终不仅使工人收获更高的待遇，也帮助工厂实现降本增效的目标。

科学管理的划时代意义在于，其将管理从经验时代带入了应用标准操作与制定合理绩效的时代，并凭借自身的广泛应用，实现了社会层面的增效降本，是以规则创造价值的早期范例。除此之外，科学管理对劳资双方共同利益的关注也可被看作是权益思想及共赢理念的前身。这些科学管理思想中的闪光点将被法商管理进一步应用与发展，在增强权益安排的同时追求公平与效率的最优均衡。

尽管科学管理展示出许多超越时代的先进思想，但一些模仿者在应用中却将其变成了一场盲目的效率追求，进而引发了劳动者与管理者间更为剧烈的矛盾，也因此，管理学对效率的研究迎来了一个着眼人际关系的时代。

第二，组织内部效率。在人际关系理论时期，对组织内效率的研究主要指员工间合作效率，即通过组织内的有效合作，实现不同群体的共同利益。随着组织理论的发展，对组织内部效率的研究则更侧重于组织运作的协调性、高效性、决策的有效性以及组织业绩。

从霍桑实验与人际关系理论开始，管理学逐渐认识到了人的主观能动性，批判并修正了科学管理时期人性视角的缺失。霍桑实验揭示了社会属性对个人的重要意义，作为一个"社会人"，员工的工作动机与工作效率在很大程度上受社会需求的影响。这种社会需求包括在个人组织中有良好的人际关系以及对集体的归属感与认同感。员工的积极性与工作效率也因其社会需求的满足与否而被激励或抑制。因此，部分学者指出，不能割裂地研究个人工作效率，而要把人放在社会群体中，以社会系统的视角分析整体的工作效率。作为一个企业来说，企业组织可视为一个社会系统，包含丰富多元的人际关系与错综复杂的社会网络，其整体效率受内部人际关系、社会网络的影响与制约。

霍桑实验与人际关系理论激发了学者将组织看作社会系统的兴趣。随着社会学、组织行为学的发展，管理理论多从组织层面研究效率问题，分析组织内部要素的相互作用对组织效率的影响。研究的主体不仅是组织内的人，还包括组织的内部结构、决策机制、治理规则、资源配置、运作方式等要素。对这些要素系统地深入分析促进组织理论的蓬勃发展，也推动了管理学对效率的系统性研究。随后，学界对企业所处环境的认识也从简单静态转向动态开放，更多的学者致力于研究环境对组织战略决策的影响和组织—环境的相互作用，而对效率的研究也由组织内部要素拓展到组织外部环境分析，囊括企业在动态复杂环境下生存与高效运转等研究主题。

有关组织内部效率的研究已过去半个多世纪，相关研究对现代企业管理仍大有意义。人际关系理论闪烁着人文主义的光芒，强调对人性的理解与尊重。它启示管理层不能只在意物质条件，还必须从社会心理的角度考虑组织管理，通过设置合理的激励、沟通、晋升机制，满足员工的社会心理需求。而对组织的深入研究则为现代企业设计组织结构、规则制度、职能分工提供了理论指导。

第三，组织间竞争效率。随着全球化进程不断加快，企业间的竞争日益激烈，管理者不得不将目光转向建立并维持企业在市场竞争中的独特优势，战略研究随之走上时代舞台，管理学对于效率的研究也上升至一个兼顾企业内外因素的更为综合的层面。在之前环境选择论的影响下，企业更多关注调整自身以在固定环境下获得更高效率，随着研究者对组织与环境间关系认识的发展，以动态视角看待环境特征的观点逐渐成为主流。

在由环境选择论到战略决定论过渡的过程中，管理学界出现了"五力框架"等较有代表性的观点。五力模型通过将产业经济学的知识与战略管理研究相结合，以行业为切入点，对企业面临的同业竞争及行业内上下游关系进行分析，判断企业有效参与竞争的能力，分析企业可实现的竞争优势水平。五力模型引导企业对组织间竞争涉及的主要因素进行深入研究，是竞争战略的重要成果，在此基础上，研究者对同一行业不同企业表现出的绩效差异进一步探索，并提出对组织间竞争效率研究至关重要的资源基础观。

资源基础观点认为，一个企业所拥有的稀缺的、高价值的、无可取代且难以模仿的异质性资源才是使其区别于其他企业，在竞争中实现可观效率的真正原因。对于异质性资源的认识，也随着资源基础理论认识的不断深入，经历了从以固定资产为主到以无形资产为主的演变历程，并对之后知识管理的相关研究产生了深远影响。资源基础观点明了企业在竞争中拥有更高效率的本质原因，几乎同时期出现的竞争优势理论则深入研究了企业可用以维持自身竞争优势，进而实现持续高效的经营方法。关注持续竞争优势的研究者相继提出了"核心能力"及"动态能力"两大重要概念，肯定了组织学习能力的重要性。这一类研究者认为组织的集体学习能力即构成其自身的核心能力，而组织持续学习并发展新能力的水平将决定其核心竞争力的变化方向。

全球化将企业竞争上升到国际层面，也为企业带来了更多的学习与合作机会，因而在企业竞争之外，越来越多的学者开始将目光投向企业在合作中提升效率的相关研究之上。

第四，组织间合作效率。20世纪80年代以来，校企合作、战略联盟逐渐流行。企业之间、企业与其他组织之间的合作范围越来越广泛，形式也逐渐丰富。合作与联盟成为企业优化自身资源配置、提高竞争效率的有效手段，也一度成为学界研究的重点话题。

在经济一体化的趋势下，各国竞争格局被打破，企业直接面向国际市场，企业间竞争日趋白热化。与此同时，技术更迭加速，产品周期缩短，市场不确定性增加。在这种竞争加剧、市场多变的大环境下，企业自身的资源与能力十分有限，难以维持长久的生存与发展。资源基础理论认为，企业能够利用联盟获取是不可流动的、不可模仿的、不可替代的互补资源。不同种类的互补资源能有效地提高资源配置效率，是企业获取自身稀缺资源、塑造竞争优势的源泉。交易成本理论从交易费用的角度论述了联盟关系对企业效率的提升。该派的学者认为合作与联盟关系比市场与企业层级结构更有效，当企业内部资源一体化成本过高时，通过合作联盟能降低生产成本与交易费用。

随着互联网的兴起与知识经济时代的到来，知识与智力资本成为了企业重要的战略性资源，组织间的合作关系促进了企业间信息流与知识流的传递。组织学习与知识管理理论认为合作联盟是实现经验型知识转移的有效途径，能够提高企业对知识、信息资源的获取效率。战略联盟创造了一个便于知识传递的环境，通过访问参观、人才交流、技术分享等途径，能将经验型知识有效地扩散到各联盟方。根据组织学习与知识管理理论，"学习"是企业联盟合作的更深层目的，向联盟伙伴学习企业所需的经验知识，从而提升自身竞争优势、改善经营效率是企业对外合作的主要目标。

通过梳理关于效率的研究成果可以发现，管理学关于效率的研究呈现出从单一个体向多组织主体发展的趋势以及从个体竞争向群体合作发展的趋势。实际上，这种趋势也完全符合新经济时代背景下经济形态的"一体化""网络化""大数据""平台型""共享性""真实性"的特征[221]。而在这种新时代背景下，单纯的组织合作所产生的效率已经无法概括新时代背景所要求的价值准则。

组织间合作所产生效率的依据是不同组织通过资源互补提高整体的效率，但应该清楚的是这种合作是从组织间竞争时期发展而来的，因此这种"合作"天然带有一种"竞争"的特点，这种"竞争"的特点在"战略联盟合作中的各方利益冲突性"以及"知识创新的保护策略"等研究中得以深刻的体现。如果没有正确处理好参与各方的"权益"，则难以有效地提高整体的效率，甚至还有可能降低效率或增加合作的成本，导致"1 + 1 < 2"的不利结果。

第五，共赢效率。在新经济时代背景下，法商管理所追求的"共赢效率"则成为全新的效率研究时代。法商管理认为组织间合作产生优势的前提和依据就是运用"效率与公平均衡"的思维对参与各方的"权益"进行合理安排，重构各方参与主体的"权益"规则，通过简单化、标准化和易参与这套规则，将不均衡的资源配置、未充分利用的资源或者分散的过剩产能，通过搭建"共赢平台"的方式得以充分的释放，真正实现"1 + 1 > 2"的整体联动。

（2）基于公平的梳理。

相比"效率"一直以来在经典管理学中的核心地位，人们对"公平"重要性的认识是随时代发展逐渐加深的。实际上，在公平成为管理学独立课题之前，公平的理念就一直渗透在以提升效率为核心的各种管理学的研究之中，因此与围绕效率展开的研究类似，管理学界对公平相关问题的关注范围亦经历了一个从个人到组织，再到更复杂环境的发展过程。

事实上，早在科学管理时代，专注提升个人效率的科学管理思想已然蕴含了公平理念。促使泰勒展开管理研究的重要原因之一便是其观察到的普遍

"磨洋工"现象，泰勒认为这一现象背后隐藏着深刻的"公平"问题。在彼时的计酬制度下，一个超负荷工作的人与懒散松懈的人薪酬并无差别，这使勤恳工作的人感到极为不公；同时雇主亦不愿为超额的产出奖励工人，使在普通计件制下产出较多的工人反而得到更低的单件产品实际工资，加重了高产工人的不公平感，最终导致所有工人同时故意"磨洋工"，严重制约了生产效率的提升。因此，科学管理想要实现的目标不仅在于最大化工人的生产效率，更在于让有能力、有意愿做出更多贡献的劳动者收获更高的报酬，这种"多劳多得"的思想，正是早期管理学关注组织内个人公平的重要体现。此外，与泰勒同时期的法约尔亦对公平有所关注，在其提出的 14 条管理的一般原则中，"公平"排在第 11 位。法约尔认为公平是善意与公道的结合，管理者应重视员工有关"公平"的愿望，尽己所能地使公平感深入各级人员心中[99]。

管理学发展至人际关系理论时期，研究者认为应以满足员工的社会需求提振组织效率，此处的社会需求中便蕴含了层次更加丰富的公平色彩，包括了员工受到同事及上级的公平对待、受尊重、实现工作成就等心理层面中公平感的需求。在进行人事决策方面，德鲁克认为一个有效的管理者应该秉持公平与公正的原则，因事用人、发挥各人长处，而非因人设事、凭好恶决定任职，这一思想是管理学关注组织内整体公平的典型代表之一，对保护人才积极性、帮助组织实现卓越绩效具有重要意义。

近几十年来，随着企业间竞争加剧，同时合作增多，管理学中有关公平的探讨也拓展至更宽广的范畴，包括但不限于企业竞争中的不平等现象及合作伙伴间利益分配等涉及复杂主体的问题。

从部分典型成果来看，管理学有关公平的研究在很大程度上受到了心理学及社会学的影响，管理学中对公平研究的来源，正是 20 世纪 60 年代心理学与社会学的热门议题——"不公平"（Inequity）。随后管理学者围绕"公平"展开的研究范围进一步拓宽，甚至开拓出新的管理学研究领域，形成全新的管理学研究理论。罗伯特·福尔杰（R. Folger）是进行组织公平研究的早期代表学者，他表示正是大学时期的实验心理学课程使他对"公平"产生了浓厚的兴趣[225]，在阅读并钻研大量心理学有关不公平的研究成果后，其提出了参考认知理论（Referent Cognition Theory）及公平理论（Fairness Theory），用来描述影响人们产生不公平感的因素，并以此为基础开始从商业道德的角度对公平研究进行延伸探索。资源基础理论的重要奠基人巴尼也表示，其所做全部工作的核心正是不平等问题。资源基础论致力于回答的"为何一些公司会超越其他公司"的核心问题，也仅是"社会中不平等现象的前因后果究竟为何"这一更广泛问题的特例[225]。巴尼对各组织间不平等问题的研究深深影响了管理学主流理论发展的进程。

随着管理学对社会网络、组织合作等议题的关注增多，未来平衡效率与公平将成为管理研究中更加重要的课题，此外，法商所倡导的多主体间合理的权益安排，也将在未来商业环境中，展现出更为关键的意义与作用。

（二）法商管理范式的演进动因

根据第一部分 Citespace 的数据结果，本书将管理学演进路径归纳总结为：科学管理时代—行为管理时代—战略管理时代—战略联盟管理时代—知识管理时代。但受限于 Citespace 软件只能按照固定的时间段进行学科计量分析（本书按十年区间进行划分），而学科的演进发展往往呈现出错综交叉的趋势，不同演进阶段经常会出现交叉重叠，以固定的时间段划分难以直接得出十分准确的结果。因此，需要在定量分析基础上结合定性分析，对第一部分的划分结构进行再划分。

从理论内核来看，战略联盟理论在本质上是属于战略管理理论的研究范畴，可以归入战略管理理论。因此，本部分将管理学演进路径重新划分为以下五个阶段：科学管理时代、行为管理时代、战略管理时代、知识管理时代和即将步入的法商管理时代。任何理论都是时代的产物，各种重要的因素相互影响，构成了一个巨大的瞬息万变的网络，也促使了不同管理思想的出现和发展，接下来将从经济、社会、技术、政治以及文化等因素来分析不同管理理论出现的时代必然性。

1. 科学管理时代

（1）经济因素。

在当今管理学研究语境中，科学管理时代的突出特征是追求效率，而从经济层面细究其本质，科学管理主要追求的其实是资源的合理化利用，这也是科学管理产生的土壤——美国在彼时所面临的工业发展的阶段性要求。

根据钱德勒的观点，美国在"一战"开始时完成了工业发展的资源积累，工业增长导致了企业规模的快速提升[75]。在此背景下，新成长起来的大型企业急需一套正式化的管理程序，其中包含着两类关键需要：第一类是降低单位成本的需要，第二类则是优化协调及绩效评估的需要，而科学管理有关效率的制度恰好可以满足这些需要。

不仅如此，科学管理的出现还解决了另一大经济因素带来的问题。作为移民国家，美国有相当大比例的工人来自非英语国家。研究数据显示，1910年，美国采矿业工人中有48%都属于海外移民，这一数据在制造业及运输业分别是31.9%与26.3%[226]。高移民工人比例使管理层与工人的交流存在天然障碍，加上许多工人的受教育程度较低，培训此部分工人并监督其绩效的难度极大。管理者迫切需要一套清晰有效的制度程序与标准化的工作方法，而科学管理用精确的工作标准、高效的工作方法及合理的激励计划，为这份需求提供了答案。

科学管理的开创者泰勒拥有多年的工厂实践及管理经验，其不仅对生产过程中资源的浪费深有感触，也亲眼见证了劳资双方紧张对立的关系，在泰勒看来，这一切都极大地伤害了工业生产中的经济效率。决心改变状况的泰勒，在持续的探索研究中不断完善科学管理体系，最终以工时研究明确了绩效评估的产量标准、以计件工资激励制提升生产效率的同时降低了单位生产成本、以倡导"心理革命"努力缓和劳资双方的紧张关系，显著地解决了大型企业对降低成本、正式化管理程序及监督工人绩效的核心需求，因而受到了工业界的广泛认可。

（2）技术因素。

如前所述，工业革命带来了工业的迅速增长，令大型企业走上了历史舞台，随之出现的新的管理需求正是科学管理出现并受到接纳的重要原因，而每一次工业革命都是由技术的飞跃式发展引起的，同时又伴随着一系列技术的再创新与再发展。在这些技术中，运输与通信技术的发展对工业增长及科学管理的出现起到了极其重要的作用。在运输技术相对不发达时，企业所能触及的往往仅有本地市场，有限的市场需求限制了企业规模及产能水平的发展；同样，落后的通信技术也使企业难以联系更广阔范围的合作伙伴与顾客，进一步限制了企业的经营规模。两者结合使企业雇用的工人数量及产能与成本控制的需求都停留在较低水平，因而对科学管理所带来的种种优势需求甚少。

然而，接连的两次工业革命让运输与通信技术发生了翻天覆地的变化，也使大批企业的规模迅速扩张。首先是使用蒸汽动力的火车和轮船大大提高了运力水平，随后出现的内燃机与石油精炼工艺让汽车与飞机走上历史舞台，同一时期开凿的苏伊士运河与巴拿马运河重塑了全球贸易的版图，电力更是彻底改变了人类生活，也让工业能源再上层楼。其次是打字机、标准键盘、复写纸、油印机等的发明令信息记录及传递的速度都出现了显著提升。运输与通信水平的提高让跨境经营成为可能，工业能源的革命也使产能节节攀升，在此背景下，诞生了许多经营至今的大型企业。1996 年的一项调查发现，1994 年《财富》500 强企业中有 247 家企业都创立于科学管理时代（约 1880～1929 年）[227]；而到了 2018 年，研究发现在许多老牌企业十不存一的情况下，仍有 153 家创立于科学管理时代的企业上榜《财富》500 强①。这些数据在一定程度上反映了科学管理时代大型企业集中崛起的状况，这些企业对成本、绩效等方面的管理诉求也成为科学管理思想大放异彩的重要原因。

（3）文化因素。

科学管理成功的另一重要原因是其顺应了文化潮流的需要。20 世纪初期，美国的文化出现了对效率的强烈迷恋，同时社会层面出现了对个人努力获得报

---

① Nicolas Rapp, Brian O'Keefe. See the Age of Every Companyin the Fortune 500 ［EB/OL］. https：// fortune. com/longform/fortune – 500 – through – the – ages/, Fortune, 2018 – 05 – 21.

酬的充分认可。丹尼尔·雷恩在《管理思想史》中提到，从美国内战至科学管理时代中期，市面上出现了大量以贫穷的主人公依靠自身努力与美德积累巨量财富为主题的畅销书，反映了当时美国社会奖励个人奋斗的价值观及人们内心最直接的需要与渴望[3]。同时，彼时流行的实用主义经济学认为人们的行为受自身利益的引导，会理性地计算并选择最符合自身利益的劳动行为。而科学管理正是以提升劳资双方共同利益为出发点，帮助有能力、肯付出的工人获取更高收益，在管理方法上消除了工人获益的障碍，高度契合了所处时代的价值追求，自然地受到了社会范围内的追捧。

（4）政治因素。

19世纪末期，美国的政治讨论主要围绕着民主制度的完善展开，个人与政府间仍存在较强的张力，许多主义与运动大行其道。其中，比较有代表性的两种改革理念即是民粹主义与进步主义，两者的核心诉求都在于恢复机会平等，主张使政府干预从利于规模资本转变至利于贫穷人口[3]。尽管两者拥有一致的核心诉求，但各自关注的主体却截然不同。民粹主义更多关注农村地区人口，而进步主义则主要涉及工人、小企业与城市人口，同时对女性权利倾以关注。随着美国农村人口数量的持续减少，缺乏支持者的民粹主义走向衰落，谋求工人及女性福祉的进步主义则在各个领域掀起改革热潮。这一时期科学管理的流行，是与进步主义者的鼎力支持密不可分的。

随着科学管理的影响扩大，其方法与理念吸引了进步主义者的注意。温和的进步主义者希望社会结构与工业生产发生有秩序而非破坏性的变化，他们认为泰勒主张的以科学方法实现的效率可以规范雇主管理与劳工行为，达成更高的工资与更低的成本，使社会范围内的每个人受益；他们也认为泰勒主张的由专家及知识形成的领导力可以消除管理中的阶级偏见，缓和资本主义制度下的阶级冲突，因而促进整个社会的有序和谐进步。随着进步主义的日渐壮大，深受其认可的科学管理受到了广泛及强力的支持，彼时的政治主张也形成了以效率实现进步的主流认知。

2. 行为管理时代

（1）经济因素。

20 世纪 20 年代末到 50 年代，美国经济经历了由繁荣到萧条再到复苏的大动荡。1929 年 10 月 29 日被称作"黑色星期二"，当天美国股市迅速崩盘，股指从之前的 363 最高点骤然下跌了 40 个百分点，直到 1954 年道琼斯指数才恢复到 1929 年崩盘前的水平。这次事件是美国历史上影响最大、危害最深的经济事件，其影响迅速波及了世界各国，一场长达 10 年之久的经济大萧条由此开始。经济萧条给管理者带来两大管理难题：一是员工士气持续下降；二是管理层与工人阶级的矛盾日益加深。

经济大萧条时期，员工士气大跌。美国工业遭受重创，实体经济持续下滑，引发了严重的社会失业问题。1929 年，美国失业人口高达 150 余万人，占总人口数的 3.2%，此后美国失业率连年上升，并于 1933 年到达顶点，失业人口高达 1283 万，约占总人口数的 1/4。在这种工作朝不保夕、收入持续缩水、基本生存难以保障的恶劣情况下，美国全民士气一度降至冰点。对于企业管理者来说，员工积极性难以调动，生产效率的提升遭遇瓶颈。

严重的经济衰退激化了科学管理时期积累的社会矛盾。科学管理过度强调对生产效率的严格控制，以缺乏弹性的工作标准规范劳动者产出，剥夺了劳动者对工作任务的自决权与主动性，强化了管理层的独裁。泰勒所畅想的劳资双方建立"真挚友谊"、实现"共同利益"的愿景并没有实现，反之是管理者对劳动者的压制与剥削。这种非人性化的管理方式为劳资双方在意识形态、管理沟通埋下了相互对立的祸根。在经济大萧条时期，美国普通人民收入缩水，家庭储蓄逐渐耗尽，一生的积蓄烟消云散。而饱受苦难折磨的人民将所有的过错归咎于企业家和华尔街精英的剥削与压迫，不同阶级间的社会矛盾加剧。

科学管理时期的管理原则无法解决经济危机带来的管理问题。管理层不得不寻找新的管理方法，缓和自己与劳动者之间的矛盾，挽回日益衰落的员工士气。而此时，梅奥主义者对人际关系的研究为管理实践找到了新的出路，这也是人际关系理论得以流行与推广的原因。梅奥主义者从社会学与心理学角度出发，帮助管理者培养员工的归属感，调动员工的积极性，提高员工间的协作效率，进而改善整体生产效率。在人际关系理论的指导下，管理层重新考虑企业中"人"的问题，关注劳动者的社会与心理需求，处理非正式组织所要求的"感情的逻辑"，建立劳资双方共同的利益目标，缓和二者之间的矛盾。

（2）文化因素。

20世纪20年代起，个人主义的热潮逐渐衰落，而对归属感、一致性的集体需求不断增长，行为管理理论也恰逢其时地迎合了这种社会文化变迁，使其一度成为主流管理思想。

20世纪初，通过自身努力实现个人成就的路径备受推崇，科学管理被广泛实践，高效率的员工能获得更多的经济激励。随着大规模生产的实现与完善，生产的边际效益变低，高生产效率的红利逐渐消失。社会逐渐削弱对个人主义的推崇，转而强调集体的重要性。

这种对集体的追求在经济大萧条时期得到迅速增长。股市崩盘、经济严重衰退，普通家庭的积蓄很快用尽。在经济大萧条中，个人主义强调的自身努力与个人成就并没有给人民带来切实的保障，通过努力积累的财富也随着经济大衰退而迅速蒸发。人们不再信奉个人主义所谓的成功路径，而是在危机中抱团取暖，渴望集体带来的归属感与安全感。人们从"以内心为导向"朝着"受他人影响"转变[228]，集体主义兴起。

以人际关系理论为主的行为管理符合了人民对归属感、安全感等集体主义的追求，这也是该管理理论能成为当时主流管理思想的原因。它强调管理者所必备的人际关系处理能力和与实现组织内协调合作的能力，为管理者提供了新的管理视角与领导方式。

（3）政治因素。

在经济大萧条下的艰难时期，富兰克林·罗斯福临危受命，执掌政权。在其执政期间，自由放任的市场政策不复存在，政府在经济方面扮演了更积极主动的角色，并赋予了工会更大的权力，劳动工会的地位大大提高。企业管理者不得不与工会谈判，重新考虑劳动工作者的诸多诉求。在政府的强力干预下，"企业按照自己意愿行事的美妙日子一去不返"[229]。

罗斯福政府认为，工业的迅猛发展企业并没有为工人阶级提供保障，而政府必须填补这一空白，以实现真正的"工业民主化"。20世纪30年代，美国联邦政府相继颁布了《社会保障法案》（1935年）、《公平劳动标准法案》（1938年）、《铁路失业保险法案》（1938年），援助、保护老人、未成年人、失业者，规范工人工资与工作时长。不仅如此，国会还通过了《全国劳动关系法案》，即《瓦格纳法案》（1935年），确保了工会的权力，限制了管理行为。

政府立法为劳工组织带来实质性力量，企业管理者与劳动者的相对权力、地位有了新的变化，管理环境发生改变。面对新的"权力天平"，管理者不得不重新审视自己与劳动者的关系、企业与政府的关系。科学管理时代里那些机械、教条的理论难以应对这些复杂的新关系，管理者急需更为系统、灵活的新管理思想。

人际关系理论与组织行为学等行为管理理论恰好满足了罗斯福新政对管理者的新要求。一方面，人际关系理论所倡导的"满足人的社会心理需求"和"实现社会团结"符合罗斯福政府渴望实现的"工业民主化"；另一方面，行为管理理论以"社会人"为前提，深入探讨了组织内外关系以及组织群体行为，为管理者提供了新的领导行为与领导模式，以应对复杂的新关系、新局面。

3. 战略管理时代

科学管理聚焦于工厂生产中劳动者可实现的最高效率，行为管理时代比起生产更加关注劳动中的人与人的情感，但总体来看，这两个时代的管理研究仍局限于工厂层面，相关分析也更多倾向于组织内部，对组织与外部环境之间关系的讨论较少。然而二战之后，美国的方方面面都发生了巨变，经济、政治及社会动荡不断，企业所面临的外部环境日益复杂，受环境的影响也日渐增大，管理者制定决策时所需考虑的因素愈发多元，这对管理者的综合能力与指导管理者行为的管理理论都提出了更高要求。

为帮助企业应对复杂环境与激烈竞争带来的种种问题，各类管理学说如雨后春笋般迅速增长，二战后的管理理论界呈现出百家争鸣的局面。其中，以帮助企业获得竞争优势、实现持续发展为目标的战略思想应运而生，并随即开始迅速扩张。马丁·里维斯在《战略的本质》中展示的战略框架增长图，形象地反映出战略理论从1960年开始出现的爆炸式增长的状况[230]。

（1）经济因素。

根据劳伦斯·弗里德曼对战略发展初期的回顾可知，早期战略研究者认为决策过程必须发生变化的一大原因，便是企业经营环境变得越来越复杂[231]，而对企业经营来说，经济环境无疑是所有外部环境中最为重要的一环。在战略思想萌生并得到大力发展的时代①，美国经济波澜丛生。二战后至20世纪60年代，经济的空前繁荣令企业间竞争加剧，70年代的经济危机又令企业举步维艰，理性决策的价值在动荡环境中更加得以体现，战略管理的重要性开始深入人心。

二战后，美国经济经历了20余年的黄金增长期，仅1945～1960年，美国的国民生产总值便增长了250%[232]，期间偶有经济衰退，但总体保持着迅速增长的态势，同时经济周期中的扩张期显著延长，最长于1961年2月开始实现了连续106个月的经济增长[233]。战后大量释放的居民消费需求，与受凯恩斯主义影响不断增长的政府采购，都为这一历史性的经济增长做出了重要贡献。由于战争期间的生产消费活动受到严重抑制，美国居民积累了大量储蓄，到战争结束时，美国人民的总储蓄已高达1400亿美元，接近彼时一年国民生产总值的3/4[234]。民众对汽车、住房及家用设施的大量需求刺激了工业经济的飞速发展，也为美国企业提供了绝佳的发展良机。

经过20余年的高速增长，美国居民的基本生活需要得到普遍满足，机械式冰箱家庭拥有率从1940年的44%上升至1970年的100%，洗衣机拥有率从40%上升至92%，每百户家庭的汽车拥有量更是在1970年突破140辆[235]。这一时期，美国由卖方市场进入买方市场，企业间竞争日益激烈，如何善用策略在竞争长久制胜成为企业关心的重点话题，顺应这一需求的战略研究亦迎来

---

① 在本部分语境中，这一时代指20世纪60～80年代，且同样将美国作为战略思想萌生发展背景的主要讨论地点。

蓬勃发展。

同期，美国企业界出于对多元化的追捧及提高每股收益的诉求，刮起了一股强劲的并购风潮，甚至留下了一年内完成300多起并购的记录[236]。彼时企业的并购热潮引发了学术界对多元化战略的研究兴趣，促进了战略管理思想的发展，但这种盲目扩张的行为本身却为日后大型企业的经营埋下了重重隐患。

20世纪70年代，美国遭遇了严重的滞胀危机，工业生产与国际贸易体量骤降，通货膨胀率与失业率飙升，尤其是失业率，在1975年一度达到9%，为大萧条以后的最高水平[236]。昔日盲目扩张的企业因并不熟悉被兼并公司的业务，使得自身经营雪上加霜，因而被迫重新出售这些业务并开始重组。滞胀危机后长达十年的时间里，美国经济都处于衰退的阴影之下，企业面临的竞争程度与经营环境亦变得更为严峻。经过经济形势的大起大落与盲目并购带来的折戟之痛，企业对经营各环节战略的制定愈发重视，以战略管理为主题的研究亦随之层出不穷。

（2）政治因素。

如经济因素部分所述，经营环境的日益复杂使企业不得不以战略的思维考虑问题，而这一时期造成环境复杂的第二大因素便是层出不穷的政治问题，其亦对美国彼时的经济形势形成了重大影响。

二战结束后不久，以美国为首的北约集团与以苏联为首的华约集团开始了为期近半个世纪的一系列斗争。"冷战"期间，美国大力扶持科技发展，形成了自己的高新技术产业体系，奠定了第一科技强国的国际地位；国防相关的工业及科研持续得到巨量资金支持，美国政府负担了彼时航天和太空工程90%的费用，这一数字在电力和电子工业及科学仪器工业分别是65%及42%[234]，政府投入的大量资金带动了美国经济的总体增长，亦促进了美国制造业企业的繁荣发展。

然而从20世纪60年代开始，美国政府过度信奉凯恩斯主义，财政赤字与货币供给迅速攀升。1961年开始，美国出现了连续八年总额高达608亿美元的财政赤字，1970年后，财政赤字的规模更是达到财政收入的10%左右[236]。高财政赤字与货币供给显著增加了通货膨胀的压力。这一时期美国政府对经济运行的过多干预严重伤害了自身经济的活力,导致在 1973 年石油危机发生后,美国经济状况迅速恶化,直接陷入滞胀危机。

此后,随着军备竞赛无休止地进行,加上在越南战场深陷泥潭,美国军费开支逐年增长,政府仅能选择提高税收或增发货币等形式予以应对,进一步恶化了通货膨胀,削弱了美国民众购买力,使得企业经营雪上加霜。而在美国经济衰退之际,欧洲与日本经济腾飞,在国际贸易中势头强劲,美国企业内忧外患、竞争压力倍增。这一时期国际政治局势的不确定性与全球竞争的加剧让战略研究的范围进一步扩大至国际竞争层面,也令战略思维受到了日益增长的关注。

(3)社会因素。

在社会方面,战略管理时代表现出的一大突出特征即是对高福利水平的不懈追求,无论是工会对工人福利的谋求,还是政府对社会福利的支持,都显著提升了彼时美国人民的生活水平,但也令整体经济运行背上了沉重负担。

二战后,美国工会运动迎来长足发展,加入工会的工人数量从战前的不足500 万人激增至 20 世纪 70 年代末的 2000 多万人[232]。工会代表劳动者与企业谈判,以保证工人福利及提升薪资水平,不愿被罢工事件影响运作的企业只能向工会做出重大让步,大公会行业的工人工资及福利大幅增加。随着工会实力的增强,其逐渐形成了对劳动力资源的垄断,导致美国劳动力成本居高不下。高用工成本一方面促进了美国制造业岗位的外流,在经济衰退时期进一步增加了社会失业率,另一方面也对控制通货膨胀有害无益。

同期,美国社会福利制度不断完善。1927~1960 年,美国政府的福利支出由 25 亿美元飙升至 970 亿美元;到了 20 世纪 60 年代,时任美国总统更是提出"伟大社会"计划,美国开始进一步加大对贫困人口教育、医疗、住房的补贴力度,仅教育资助一项支出便在计划实行后的五年内增长了超过 55 亿美元[234]。这一社会改革计划的初衷本是缩小经济繁荣时期拉大的贫富差距,结果不仅贫富差距未能缩小,因高福利负担过度增长的财政赤字反而进一步加重了通货膨胀的压力,最终同其他因素一起导致了经济衰退的发生。

整体来看,社会因素对美国企业经营思路的转变亦产生了较大影响,普遍增加的工人薪酬提升了社会购买力，促进了 20 世纪 70 年代前的企业繁荣；开支持续走高的社会福利增大了财政支出及通货膨胀的压力，又加速了令企业难以为继的滞胀危机的到来。社会因素使企业经营环境的复杂性进一步增加，也让管理者不得不在制定决策时更加冷静地分析内外环境，战略思维的价值便在此时凸显出来。

4. 知识管理时代

20 世纪 90 年代到 21 世纪初，知识逐渐成为新的生产要素，是企业重要的竞争资源。知识资本占社会总资产比重日益上升，知识工作者对社会、经济发展贡献越来越大。知识管理成为管理学的主流研究内容，相关主题包括创新管理、组织学习、战略联盟等。

（1）经济因素。

20 世纪 90 年代到 21 世纪初，世界经济呈现出两大发展趋势：一是世界迈入知识经济时代，智力资本成为企业最重要的竞争资源；二是经济全球化进程加快，智力资本得以在全球流通。

世界迈入知识经济时代，知识密集型产业将成为主导产业。企业的技术与知识对企业生存与发展至关重要，知识提升了产品的附加价值，是企业价值增长的重要源泉。对于企业的管理者来说，知识企业的核心经济资源，促进知识的创造与转化是管理工作的重中之重。知识管理理论也应运而生，为企业提供知识识别、获取、共享与应用等一系列过程的管理办法，挖掘组织内知识的价值并开拓新的机会。

在知识经济时代，知识工作者数量持续增长，据美国政府统计，1985 年，美国约有 300 万名知识工作者；到了 2010 年，美国有超过 500 万名的知识工作者，15 年间增长了近 66.7%[①]。与劳动工作者相比，知识工作者从事思维性工作，他们做的不再是已知的、重复性的工作，而是用知识与技能挖掘机会、创造价值。知识工作者掌握的技能与知识是企业核心的知识资源；而知识工作

---

① Josh Zumbrun. The Rise of Knowledge Workers is Accelerating Despite the Threat of Automation ［J］. The Wall Street Journal，2016，5（5）.

者学习能力、创新能力则是企业隐形的智力资本，构成企业不易被竞争对手模仿的竞争优势，影响企业知识资源的增长与更新速度，决定企业的持续发展能力。因此，管理者越发重视对知识人才的管理与培养。知识工作者的工作性质、内容、方法、目标与劳动工作者皆不相同，只适用于体力劳动工作者的传统管理办法难以为继。组织学习、创新管理等理论的出现为管理知识工作者提供了新的理论根基与管理方法。组织学习、创新管理理论旨在提高知识工作者的创新能力与学习能力，激发其潜能，提升其工作效率。相关研究方兴未艾，时至今日仍是管理学的重要话题。

同一时期，世界经济全球化发展迎来新高潮，促进知识流在国际范围内流通。跨国公司在其中扮演着重要的角色。1994 年的联合国贸易和发展会议报告数据显示，在 20 世纪 60 年代末到 90 年代初，跨国公司数量翻了 3 倍[237]；跨国公司及下设的子公司遍布世界 40 多个国家和地区，渗透到各个经济领域。一方面，跨国公司的经济活动连接了不同国家知识工作者，促进了全球知识的共享与交流。知识在母子公司、子公司与子公司之间的传递与转移易发生外溢效应，知识管理则为保护核心知识资源不被竞争对手窃取提供解决方法，这进一步促进了知识管理领域相关话题的蓬勃发展。另一方面，在全球化的激烈竞争中，企业不得不向外寻求合作，与其他组织形成资源与能力的优势互补。全球出现跨国公司兼并热潮，形成企业间的战略联盟。战略联盟的相关研究也因此兴起，而战略联盟内的研发创新与知识管理也成为管理学重要的研究主题。战略联盟与知识管理理论帮助管理者不保护己方的知识资源不外溢，在联盟内搜索、获取知识资源，促进多方合作的有效性，实现自身利益的最大化。

（2）技术环境。

20 世纪 90 年代，信息技术快速发展，改变了知识的传播方式。1993 年，万维网被正式启用，奠定了当代网络的发展基础。随后十年，伴随着网站数量增长到 2000 万个、多种浏览器出现，互联网进入了高速发展时期。网络使知识得以迅速传播，增加了知识获取的广度和深度，促进了知识的再开发，使知识呈爆炸式增长，这同时也增加了知识的"噪声"。传统管理办法在信息时代显得捉襟见肘，而知识管理理论与方法则顺应了信息技术的发展趋势，帮助管理者与知识工作者有效地识别、搜索知识，成为学术界的主流研究方向。

随着网络的发展，电子邮件逐渐成为商务沟通、学术交流的重要方式。20世纪90年代末至21世纪初，腾讯QQ、Facebook等及时通信软件，成为人们交流沟通的新途径。同一时间段，计算机也逐渐走进普通家庭。1989年，仅15%的美国家庭拥有计算机；2000年，这一比例增长到51%，过半数家庭都能够使用计算机。互联网与个人计算机的普及促进了知识的分享与传播。知识工作者通过网络可以了解到自己领域内的发展状况与研究前沿，并且可以与全球的本行业从业人员交流沟通。知识共享过程伴随着对生产与工艺流程、管理模式、专利与专著等企业知识的保护。管理者运用知识管理的相关方法能构建企业的知识网络，在促进知识传递的同时保护企业核心知识资源，相关理论研究也因此成为学界的热门话题。

可以说，知识管理的相关理论顺应了信息技术的发展趋势，为企业在信息时代整合、转化知识提供有效的管理方法。另外，信息技术的高速发展也优化了知识管理过程，为知识管理理论的实践提供了强有力的技术支撑。网络打破了信息与知识传递的时空界限，使组织内外的知识共享更为便捷，促进组织内工作者的知识获取效率。计算机技术的不断变革扩大了知识存储空间，丰富了知识的呈现形式，为知识处理、分析、应用带来便捷，提高了知识工作者的知识创造效率。知识管理理论也因此乘势发展、顺风而上。

（3）政治环境。

第二次世界大战以来，电子信息、生物工程技术的发展引发了第三次科技革命，促进了生产力的大幅提高。人们逐渐认识到知识与技术对推动社会发展的重要动力，并愈发重视知识技术的创造与保护。1980年，美国每百万人口的专利数量为300项，而在30年后的2010年，这一数量翻了一番[235]。20世纪80年代末90年代初，东欧剧变、苏联解体，两极格局结束，国际形势趋向缓和，和平与发展成为世界主题。在重视文化与技术的背景下，教育成为世界各国极力发展的重要领域。

世界各国相继颁布利于教育发展的法案。2002年和2007年，美国先后颁布促进教育发展相关的规划，旨在促进教育公平、提高教育质量。英国分别在

1997 年、2005 年、2007 年颁布提高教育标准、建立优质学校的法案。欧盟推出《波隆尼亚进程》，要建成"全世界最有竞争力和最有活力的高等教育和科技创新区"。国际教育水平显著提高，高等教育人才比例逐步上升。1990 年，美国有 24.4% 的男性和 18.4% 的女性完成了本科教育；20 年之后，30% 左右的美国人拥有本科学历。教育的不断发展为企业输送了大量的知识型人才。知识管理等相关理论为企业吸引、留存、激励知识型人才提供解决方案，在重知识的政治大环境下大放异彩。

5. 法商管理时代

（1）经济因素。

第一，"大企业"时代来临，企业需要坚持权益管理和重视公平。

经历了长时间的资本积累和资本集中，百年前的企业规模和当今时代的企业规模已不可同日而语。图 8 的数据显示，2020 年美国估值排名第一的微软公司是 1967 年估值排名第一 IBM 公司的 4.64 倍，是 1917 年美国钢铁公司的 25.86 倍；而一些公司的市值甚至和一些主权国家的经济体量不相上下，2020 年微软公司市值超过 12000 亿美元，与 2019 年 GDP 排名第 16 位的印度尼西亚的经济体量相当，谷歌的市值为 7990 亿美元，相当于沙特阿拉伯的 GDP；亚马逊市值为 9710 亿美元，跟荷兰相当；腾讯市值为 3300 亿美元，超过菲律宾。上述企业实现了真正意义上的"富可敌国"，世界已然步入了"大企业"时代。

"大企业"时代下，随着企业规模的不断扩张，企业管理的复杂程度和难度也呈指数级增长，企业管理所涉及的管理元素急剧增加，并且管理元素之间存在着强烈的耦合作用，整体呈现出强烈的非线性特征，现代企业管理问题已成为一个日益复杂的系统性问题[238]。目前，主流的管理思想多数诞生于 20 世纪，彼时企业规模较小，管理的经营理念坚持股东利益最大化、股东财富最大化，在此种背景下，企业仅需要关注少数人的利益即可，管理所要囊括的要素还处于较少的阶段，要素之间的相关性较弱，企业管理未呈现出强烈的系统性特征，企业管理用简单的线性思维即可从容应对。面对时代的剧变，略显过时的管理思想显然无法完美适用于如此复杂多变的时代。"大企业"时代亟须一

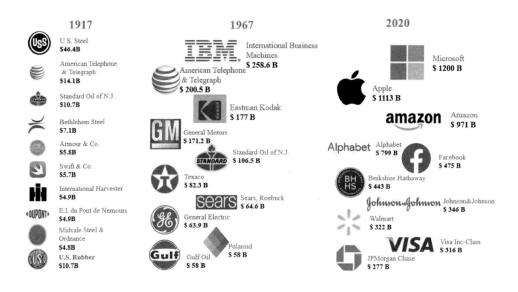

图 8　百年内美国市值前十的企业

注：数据截止日期为 2020 年 3 月 31 日。

种创新的管理思想帮助企业实现健康持续发展。

　　法商管理思想或许为解决上述棘手的问题提供了可能。首先，坚持股东利益最大化、股东财富最大化的时代，利益主体数量较少，主体的目的也较为明确，股东仅需要获得超额回报即可满足其需要，因此管理仅需要满足利益相关者的物质需求，坚持"效益管理"即可。而"大企业"时代背景下，越来越多的企业经营理念开始倡导相关者利益最大化、客户利益最大化、坚持以人为本等，这种经营理念的变化，不仅意味着利益群体要素数量的增加，还意味着利益相关者的需求发生了改变。单纯的经济需求已不能满足利益相关者的需要，参与主体还需要实现人格尊重、自我成就、个人发展等一系列的精神需求。面对上述的管理挑战，企业经营者需要将复杂问题简单化，抓住复杂问题背后最核心的本质。这种本质其实是法商管理所持续倡导的"权益管理"，"权益管理"相较于"效益管理"突破了经典管理以物质需求为核心的惯有框架，实现了参与主体物质与精神需求的有效融合，更适合于当下系统性特征更鲜明的"大企业"时代。

其次，随着企业规模的扩大，部分大企业可以凭借其在市场中的压倒性力量，轻而易举地抑制市场竞争，形成市场垄断，获取巨额的垄断收益。一方面，垄断企业通过相关经济力量控制市场价格，打破市场平衡，致使行业的经营公平性大大下降，极易扰乱市场秩序，损害国家和消费者利益。另一方面，垄断也为有效监督带来巨大的困扰，垄断企业可以利用独家经营某项事业所赚取的暴利贿赂官员，巩固自身的垄断地位，致使社会寻租泛滥，严重破坏社会公平。垄断日益成为严重的全球性问题，各国政府都在加强反垄断的监管。企业在以股东利益最大化、股东财富最大化的效率思维指导下，企业自然而然地将获取巨额的垄断利润作为经营的终极使命，然而在"大企业"时代，企业这种依靠垄断追求极端效率的思想亟须变革。其一，企业垄断是一种对公平秩序的破坏，极易受到法律规则的严厉惩罚，企业经营风险急剧上升；其二，垄断行为除加大了企业经营的法律风险外，垄断所引发的市场及声誉风险同样值得警惕。在强调公平竞争的时代背景下，法商管理思想对效率与公平的均衡追求对于企业而言意义非凡。

再次，大企业时代背景下企业联盟特征愈发明显。互联网时代背景下，以BAT为代表的平台型企业成为企业发展的领跑者，这些平台型企业发展的共同特点是以主业为核心，通过联盟内企业合作逐步形成贯穿服务体系的联盟权益平台。在当下产业数字化浪潮中，这种联盟生态建设更为重要，生态共建是产业数字化发展的唯一选择[1]，而这种联盟生态化建设也为企业发展带来了新的生机，以腾讯为例，目前腾讯产业生态中已有超过8000家合作伙伴，构建了包含代理、行业、服务、咨询四大合作模式在内的产业生态合作体系，腾讯与联盟合作伙伴共同创造的市场营业收入已达到百亿元规模。构建联盟生态既要实现"众人拾柴火焰高"，又不会让联盟伙伴放心巨头冲出来抢饭碗，解决这一问题的关键便是处理企业自身与联盟伙伴的"权益"关系，关系处理中既要构建共赢平台实现效率，又要划定红线追求公平，法商管理的效率与公平的权益观会为构建联盟生态平台提出有益的、指导性的意见和建议。

---

[1] 腾讯公司高级执行副总裁、云与智慧产业事业群总裁汤道生在腾讯全球数字生态大会上的发言。

最后，在企业体量与国家体量不相上下的"大企业"时代，企业的经营管理或许要从国家治理方面吸取经验。处理好效率与公平之间的关系是国家治理的重要课题[239]，讲求效率才能增添社会活力，注重公平才能促进和谐，坚持效率和公平有机结合才能更好地实现国家治理。提高效率，就要发展经济、提高生产力；注重公平，就要完善法治、注重规则。企业固有的经济属性和营利属性会导致企业在处理效率与公平的关系时，常常会出现以效率在先、公平在后或者坚持效率而忽视公平的常见局面。上述局面极易使企业管理陷入高效率、最大化的盈利等功利主义逻辑中，而针对法律规则、社会道德等与高效率相矛盾的公平要求，企业管理极易会主动地弱化与忽视，上文所提及的垄断问题便是直观体现。法律与规则对于维护一个国家公平以及保持国家平稳发展的重要意义不言而喻，而其对于企业来说更是不可或缺，法律与规则既是商业行为的底线，更是企业灵活运用的资源。在"大企业"的时代背景下，企业要向国家治理借鉴经验，坚持效率与公平并重，尊重并灵活运用法律与规则，而这种效率与公平有机结合的观点与法商管理长久以来的观念倡导不谋而合。综上可见，法商管理是顺应"大企业"时代的管理理论。

第二，"大企业"时代下的中国在实践与理论上呼唤法商管理。

中国同样也进入了"大企业"时代。中国经过40多年的改革开放，经济实现了巨大的跨越。中国对世界经济增长的贡献日益明显，根据国际货币基金组织（IMF）的统计数据测算，中国是次贷危机后全球经济增长的主要动力之一，2009~2018年，中国对全球GDP增量的贡献率高达34%。在这一飞跃过程中，中国涌现出一批具有竞争力的企业，根据2019年《财富》世界500强排行榜数据显示，中国共有129家公司上榜，上榜数量首次超越美国，上榜公司的总营业收入近32.7万亿美元，同比增加8.9%；总利润再创纪录达到2.15万亿美元，同比增加14.5%。但是在骄人成绩的背后，中国企业的发展仍存在着诸多值得思考的问题。

目前世界范围内主流的企业实力排行榜在评价企业时，通常会根据企业的营业收入或者市值进行排序，这种排序将企业的成功与企业规模画上了等号。诚然，以规模评价企业的实力是最为直观并且也相对具备说服力的一种方式，但在此种企业评价方式的影响下，企业不断将扩大规模、增加利润、提升效益作为经营的第一要务，逐渐树立了"大即是强"的观念，陷入单纯追求效率的"盈"逻辑中。而这种经营现象在中国尤为普遍，以三鹿集团"毒奶粉"事件、康美药业造假案、瑞幸咖啡虚增利润事件为代表的一系列鲜活的案例直观体现了企业这种重效率经营的后果。目前，中国的改革探索已经进入了全面深化改革的"深水区"，中国的经济和企业已经意识到需要从以单纯追求数量为主的发展转变为以提高质量为主的增长，需要从粗放式的野蛮生长转变为合理健康的精耕细作。在上述背景下，更需要法商理论从顶层给予启发与指导，真正实现从"效率管理观"向"法商管理观"的转变。

虽然发展存在许多不尽如人意之处，但同样也需要发现飞跃过程中的闪光点。中国在增长中涌现出一批具有竞争力的企业，这些企业在发展中探索出了领先的管理实践和创新的商业模式。清华大学教授刘广灵认为：管理研究具备科学性与实践性，二者之间是辩证统一的关系，科学性是实践性的指导，而实践性是科学性的终极标准[240]。一方面，管理研究需要从企业中来到企业中去，然而，目前管理学研究的科学性与实践性都存在很大的提升空间。较少有创新的管理学理论对中国的管理实践和商业模式进行提炼，并从中抽象出管理本质原理反哺中国企业，由此呈现出中国管理研究的贡献与中国管理实践上的繁荣不相称的局面。另一方面，以美国为主流的西方管理学在百年间取得了长足的进步，通过大量的理论推演与实证检验，构建了较为完整清晰的管理理论框架体系，但随着以中国为代表的新兴市场企业开始参与国际竞争中，中国企业对管理理论的需求与日俱增，而西方管理理论却在需求中出现了"水土不服"的现象，这一现状产生的原因主要是以中国为代表的新兴市场所具有的制度基础、经济基础、社会文化基础、市场基础、资源基础及行为基础与西方国家有很大不同。在内外部双重压力下，急需一种立足于中国国情的原创管理思想为世界管理理论做出贡献，法商管理则在此种时代背景下为中国管理学发出了声音，哈佛大学商学院教授 Rohite Deshpande 曾指出："法商管理的建立为世界的管理教育做出了贡献。"[221]

第三，动荡和混乱中维持竞争力，法商管理在实践与思想上提供指导。

近年来，各种全球性的"黑天鹅"风险事件频繁出现，世界不确定性因素越来越多。次贷危机、欧债危机、英国脱欧等一系列极端低概率事件的出现都应该被视为不确定性时代来临的明显信号。股市一向被誉为实体经济的"晴雨表"，它的表现更能直观反映不确定性对企业带来的冲击与挑战，2018年瑞银集团发布报告称，"全球金融市场的波动性开始大幅上升，2018年金融市场的回报率会比去年差"①；中国银行国际金融研究所具有类似的观点，其在《2019经济金融展望报告》中指出："2019年全球经济金融体系的波动性将显著上升，动荡和不确定性恐将成为常态。"[241]在危机频发的时代背景下，管理环境、管理要素以及管理行为呈现出一种易变性、不确定性、复杂性、模糊性（VUCA）的特点，这种激变的社会环境给传统管理理论的稳定范式带来了极大的挑战。领导变革之父约翰·科特说过，企业今天面临的最大挑战是"如何在动荡和混乱中持续保持竞争力"。在动荡和混乱中维持竞争力，需要企业在实践与思想上坚持双管齐下。

2007年初，美国次贷危机爆发，众多老牌企业、金融机构深陷困境，全球经济遭受重创，引发全球经济的衰退，这场危机的爆发引发了广泛的讨论与思考。为了促进经济金融系统在未来可以高效稳定的运转，以及预防全球范围的经济危机再次发生，各个国家都加强了对企业和金融的监管力度，意图从实践上维持竞争力，一时间完善公司治理问题成为时代的热点。实际上，公司治理的价值一直为法商管理所认可，法商管理认为公司治理的核心就是：通过制度规则的制订和执行使企业产生不同的运营价值，也就是"规则创造价值"。一个企业运转的有效性正取决于其公司治理的有效性，而公司治理的有效性又取决于权益安排的有效性，而权益安排的有效性则必须建立在效率与公平均衡的基础上[221]。事实上，在经济危机期间暴露出来的外部治理机制被滥用、激励约束机制的失衡、董事会成为管理层同盟等一系列公司治理问题，其背后本质都是法商管理所一直探讨的权益安排、公平与效率、治理与发展、权责利分配。法商管理的兴起会为后危机时代的公司治理带来全新的实践指导，更可以

---

① https://www.yicai.com/news/5427329.html.

为政府提供不同的治理监管思路。

如果仅通过公司治理这种实践方式提升企业在动荡和混乱环境中的竞争力是片面的。如果没有从思想上实现突破与升级，公司治理将会陷入僵化，极易陷入被动的形式合规管理，出现"形似而神不至"的现象。公司治理要突破形式主义的桎梏，需要从两个方面转变思维。首先，企业需要树立风险意识，过去企业的经营环境是相对确定并且是容易预测的，企业这台"机器"保持竞争力只需要在既定模式下不断地提高效率即可，而在风险规避方面无须付出过多努力。但在全球经济高增速终结以及风险事件频发的时代，企业除了要在提高效率方面付诸努力外，更要以一种全新的视角审视风险，真正将风险因素纳入企业经营决策中，在追求效率最大化的同时，实现风险最小化。其次，企业需确立"权益为本"的理念，次贷危机的爆发使世界开始质疑传统公司法理论所强调的"企业存在的唯一目的是为股东谋求利益最大化"观点的合理性与合法性，民众对于企业应该承担更多社会责任的呼声越来越高。"自治、平衡"逐渐成为新经济环境下的重要责任原则，而以代理人、代表者为核心的责任体制、责任文化，已难以响应环境的要求，在这种趋势下，传统工业时代所建立的责任观正在逐步破产。"自治、平衡"原则背后实际上蕴含着法商管理合理的权益观，"自治"代表着对主体权益的追求，"平衡"则蕴含着均衡的概念，综合来看，即是法商管理所倡导的"主体权益为本"，追求实现主体权益的动态均衡。

（2）社会因素。

第一，人民需求迅速升级，公平与权益成为时代新热点。经济部分提到，在过去的数十年中，中国经济的腾飞让世界为之侧目，亦为全人类的发展进步事业做出了重大贡献。伴随着经济的高速发展，我国已不知不觉地迈过一个又一个社会发展阶段的门槛，人们对生活的需求持续升级，然而渗透在人们工作生活中的主流管理观念却没能以与需求变化相匹配的速度做出改变与调整。

在我国经济数十载的高速增长中，在过去十余年所取得的成绩是尤为引人注目的，从 2008 年起更是接连突破了数个标志社会发展水平及居民需求迈上新台阶的大关。

首先是 2008 年，我国人均 GDP 突破 3000 美元[①]。根据发展经济学的观点，人均 GDP 达到 3000 美元是经济社会现代化发展的一个标志性阶段，在这一阶段前后，经济社会结构应将发生重大转型变化，如三次产业优化升级，服务业发展增速，消费者更加注重生活质量等。这一变化与许多国家的实际情况相符，从国际经验[②]来看，当人均 GDP 达到 3000 美元左右时，该国家或地区的居民消费便开始从保障温饱为主转变为追求满足为主，消费支出将迅速地由基本型向享受型与发展型转变。而由于这一关口到来的速度远超预期[③]，在个体需要快速变化之际，主流组织管理仍停留在过去以效率为核心追求的思路，并不足够适应一个现代化的中国和追求提升的中国人民。

其次是 2010 年，我国社会发展迈入新阶段的指标亦是层出不穷。例如，根据"英格尔斯现代化指标体系"[④]，我国曾有四项指标长期未达到现代化标准，其中相当重要的一项便是人均 GDP 达 3000 美元以上，该指标于 2008 年完成后，根据国家统计局数据，我国又在 2013 年达成了服务业产值占 GDP 比重达 45% 以上这一重要指标，距离全面达标仅一步之遥。2019 年，我国人均 GDP 更是突破 1 万美元大关，正式标志着中国稳居中高收入国家行列，但一个严峻的问题也随之产生，即"中等收入陷阱"[⑤]，而突破中等收入陷阱的关键便在于保障"公平"，尤其是收入分配的公平。国务院发展研究中心资源与环境政策研究所副所长李佐军指出，于国家层面提防中等收入陷阱的第一步便是要"加大减税降费力度，兼顾效率与公平，优化不同社会阶层的收入分配"。

---

① 国家统计局数据。

② 联合国《国民核算年鉴》曾对包括美国、日本、韩国在内的 17 个国家与地区在人均 GDP 达到 3000 美元左右时的居民消费结构变化做过分析，发现彼时这些国家或地区居民的恩格尔系数明显下降，交通、通信、文化娱乐、教育等消费比重快速上升，对住房、轿车的需求亦增长迅速。

③ 2005 年，我国曾提出 2020 年实现人均 GDP 3000 美元的目标，然而之后仅用时三年便实现这一目标，发展速度令人瞠目；将范围再扩大些来看，我国事实上仅用五年便将人均 GDP 翻了两番，从 2003 年的人均 GDP 1000 美元，到 2006 年的人均 GDP 2000 元，再到 2008 年的人均 GDP 3000 美元，每一阶段的用时都远远短于其他国家。

④ 1983 年，美国著名社会学家艾利克斯·英格尔斯在北京大学演讲时，介绍了拉西特提出的用以区分发达及发展中国家的社会指标，后被我国研究者发展成为包含 11 个具体指标的"英格尔斯现代化指标体系"，用以比较分析我国与他国的现代化进程并广为流传。

⑤ 基于世界银行对拉美和东南亚部分国家的观察，许多国家进入中高收入国家行列后，经济发展速度下降，贫富差距拉大，最终经济发展停滞，难以超越中等收入区间进入高收入国家行列。

这一要求所提及的兼顾效率与公平恰恰是法商管理思想一直以来倡导的核心理念，也即在各级各类组织的管理中，都应做到效率与公平并重，并在此基础上追求主体权益的动态均衡。

结合我国社会发展阶段与马斯洛需求层次理论来看，2008年以后，我国居民的心理需求已普遍地转向社交归属需要与尊重需要，2019年经济水平更上一层楼后，我国居民更是可能增强了自我实现需要的重要地位，个体需要的变化意味着在各类组织的管理中，都应对参与主体的权益以一种新的观念进行重新审视与安排。党的十九大指出，当今我国社会的主要矛盾已转化为人民日益增长的美好生活需要和不平衡不充分的发展之间的矛盾，这一矛盾与上文所提到的分配公平问题密切相关，而究其本质正是社会中每个主体的整体权益安排问题。面对当前个体需求发生变化的时代，管理理念也应与时俱进，均衡效率与公平、以主体权益为本，切实推动社会的良性持续发展。

第二，"90后"员工步入职场，效率、公平与权益关系发生改变。

"90后"新生代员工近些年逐步进入职场，成为我国各类企业的生力军。"90后"进入企业组织后引发了大量争议性事件，"90后"员工群体频频出现的"闪辞""裸辞"等现象让企业管理者感到十分困惑和措手不及。不少企业管理者感叹"90后"新生代员工相比"70后""80后"十分不好管理。如何正确认识新生代员工，处理在管理新生代员工时遇到的各种难题，提出与时俱进的管理方式，是各类企业亟待解决的核心问题。

"90后"新生代员工具有以下一些特征：首先，"90后"多为独生子女，在父母和长辈们的保护中长大，接受过良好的教育，自我中心感更强，对自己的期望较高，更加关注自我价值的实现，有较强的成就动机。其次，快乐教育和素质教育理念的盛行，促使"90后"的生活中更多地融入了幸福和快乐，更加强调兴趣体验，更加注重幸福的感知。再次，"90后"员工独立性强，集体主义意识较弱；"90后"新生代员工在独自成长的过程中缺少同龄玩伴，更多接触的是自娱自乐的方式，如看电视、上网、看书等，其更强调个体行为，对组织的概念较弱，因而天生缺乏组织忠诚感。最后，"90后"员工学习能力较强，具有独立开放的价值观。"90后"员工是伴随着互联网成长的群体，是互联网时代的原住民，其获取知识和信息的渠道更加多样，知识结构更加完整，喜欢独自思考、学习，特别是在知识经济时代，大多都树立了终身学习的理念，同时，爆炸式的信息输入和开放的文化交流环境，促使"90后"更敢于表达自己的内心想法，对很多事物都有自己的判断和认知标准，对于问题也能够保持更为开放的心态，促使"90后"的价值观中更多地融入了民主和公平，勇于挑战绝对权威。

在群体特征发生变化的背景下，法商管理或许可以为管理新生代员工提出一些有益的建议：其一是在领导方式方面，目前我国企业的主要管理者大多是"60后"与"70后"，这些管理者普遍还在沿用传统的集中式、科层制管理风格来管理"90后"新生代员工，这种专权式的领导方式要求下属绝对服从，强调集体主义，以实现组织整体效率最优。然而，此种管理方式与"90后"新生代员工追求个性、强调自由的群体特征完全不匹配。群体特征发生变化意味着，群体所关注的"权益"重点也随之发生变化，"90后"新生代员工更接受民主型的领导方式，更重视参与决策的权利和沟通的平等性。在新权益关系的背景下，企业需要有针对性地调整管理方式。

其二是针对效率的态度上，企业经营往往以"效率"为导向，通常将有利于提升营收、利润等效率指标的经济行为置于核心位置，普遍对员工宣扬"效率优先""工作优先""勇于奉献"等理念。在以效率为导向的理念影响下，以"996""711""007"为代表的免费加班现象已成为企业日常经营常态。然而，延长工作时间这种最直接的效率提升方式却与"90后"新生代员工的普遍特征发生了冲突，"90后"新生代员工强调以自我为中心，更加强调对生活品质的追求，渴望更多的休闲和自由空间，注重物质追求和实利主义的价值观，他们对长期无偿加班深恶痛绝，员工与企业矛盾不断激化，致使目前企业"90后"员工离职率激增，反而不利于企业效率的提升。在此种背景下，企业管理者需要放弃传统的极端效率观，对于"90后"员工的管理需要更加人性化与科学化，企业管理者可尝试柔性化雇佣管理，如实行弹性工作制、远程办公制等，此外，管理者可以在尊重员工个人生活习惯、职业生涯选择的基础上，尽可能根据他们的兴趣、爱好和志向安排他们的工作岗位，充分激发他们的潜能，提高工作效率。

其三是对于公平的追求，"90 后"群体另外一个典型的行为特征就是对公平、公正和规则的崇尚与追寻。"90 后"非常强调职场中的公平性，他们往往不能忍受其他群体在职场中奉行一些所谓的潜规则，面对不公他们常会直面问题，敢于挑战奋起反击。企业管理者针对"90 后"的管理需要在管理体系中融入公平的价值要素，"90 后"员工反感居高临下的对话，企业管理者可以通过营造平等宽松、民主的沟通氛围，与他们进行平等自由的沟通，给予他们充分的言论自由，并且对他们提出的意见和建议给予重视和及时反馈。此外，企业需要制定清晰的规则，为其树立清晰的职业发展目标，建立奖惩分明的制度，用明规则代替潜规则。

第三，当今时代规则的缺乏或错位可引发严重社会问题。

受之前经济发展阶段所限，人们对生存必需物质条件的追求导致了许多人及企业盲目追求效率，以至于缺乏对规则的充分重视。而根据法商管理理念，企业及各类组织善用规则可以创造额外的价值，但忽视规则将可能招致灭顶之灾。同时在经济全球化的背景之下，企业与企业、国家与国家之间的联系愈发紧密，一方或多方对规则的忽视都有可能形成蝴蝶效应，在世界范围内引发严重问题。

从过去十余年世界发生的大势来看，当一个经济体越是发达、体量与规模越是庞大，其内企业与个人一味追求利益而忽视规则的代价也就越难以承受。如美国次贷危机的发生让全世界大部分国家都蒙受了经济重创，纷纷陷入经济发展的泥潭。针对这一事件，前招商银行行长马蔚华曾评论道："从商业伦理和商业模式角度来看，这是一场文明的危机，是生产和消费的失衡、储蓄和投资的失衡、出口和进口的失衡、监管和创新的失衡，若干的失衡导致了这场危机。金钱面前、利益面前责任丧失，文明被严重地扭曲。"① 而以法商管理的观念来看，这一事件背后的本质原因正可以被归结为对效率与效益的盲目追求，导致了对规则与风险的忽视，最终带来沉重代价。

---

① 讲话发表于 2009 年 12 月 5 日在北京举行的中国企业家杂志社主办的 2009（第八届）中国企业领袖年会。

具体来看，次级贷款的发放对象是信用较差、还款能力较弱的贷款人，其具有高风险、高收益的特征。发放次贷的金融机构在利益的吸引下，放松了原本应当更加严格的发放条件和审核程序，依托房地产市场的繁荣一味抢占市场、忽视风险；而金融市场的监管机构也长期处于监管不力的状态，导致金融机构过度开发金融衍生品，引导民众超前消费、入市投机，且在坏账发生后选择隐瞒而非报告危机。从个人到机构到监管部门一系列忽视规则的行为，正是导致危机发生且后果不受控制的根本原因。

国际金融危机的爆发，使世界开始质疑传统公司法理论所强调的"企业存在的唯一目的是为股东谋求利益最大化"观点的合理性与合法性，民众对于企业重视规则、承担更多社会责任的呼声越来越高。更进一步看，不仅是企业，从国家层面来说亦是如此。作为经济总量稳居世界第二、与多国贸易额都突破万亿美元的国家，在商业行为中，在对外贸易中对各类规则予以充分重视不仅是对自身负责的表现，更是作为大国对世界负责的表现。从这一角度来看，以往盲目追求经济效益而罔顾规则的管理理念亟待转变，法商管理思想所倡导的对规则的重视与善用正是组织及个人在这一时代平衡效益与风险的不二之选。

第四，法治文化建设突出"公平"价值，社会主义文明契合效率与公平均衡。

党的十八届三中全会提出了"推进法治中国建设"的重要任务，释放了党更加重视法治建设的关键信号，预示着法治将成为新时代国家治理的重要主题。要实现法治中国建设的目标，则迫切需要从法治文化的层面形成对中国法治建设的社会认同。而法治文化的核心价值便是"公平"[221]，与法治文化相对应的则是以追求效率最大化为核心价值观的商业文化。长久以来，传统观点认为商业文化与法治文化是难以相容的甚至是冲突的，而造成两者割裂的根本原因是未能将"权益"作为一个整体进行安排。因此，法商管理不仅是在知识以及价值等层面实现融合，更是深入文化层面的高度融合。

另外，社会主义价值文化中存在关于功利主义与非功利主义均衡①的探讨。事实上，功利主义与非功利主义的关系与法商管理所强调的"效率"与"公平"存在着对应关系，功利主义与效率相对应，在以经济建设为中心的今天，要搞好物质文明建设，就必须注重功利价值；非功利主义则与公平相对应，在注重物质文明建设的同时还要全面推进精神文明建设，注重精神价值。综上所述，法商管理所强调的效率与公平的相对均衡与社会主义文明所倡导的功利主义与非功利主义二者并重是相契合的，法商管理是时代文明的必然产物。

（3）技术因素。

21世纪以来，科技进入了一个蓬勃发展的新时期，算力的增长、数据的积累以及算法的进步推动了人工智能、大数据技术的发展与突破；P2P网络、分布式共识与密码学的进步、成熟奠定了区块链诞生与兴起的基础。新兴技术深深地改变了企业的组织形式，重新定义了资源的含义，颠覆了业务的增长模式。

第一，新技术下的组织变革与颠覆。

人工智能时代，管理手段逐步智能化，智能计算机具有更强的信息整合及分析能力，可提出更具有科学性、前瞻性的决策方案，极大地提高企业管理的效率性。但与此同时，人工智能的应用增加了管理的复杂性。

智能机器是有效的管理手段、监控工具，还是企业重要的生产力、价值创造者。因此，在新技术时代中，组织管理的客体不再仅仅是员工，还有人工智能机器。如何将人工智能整合到现有管理体系，协调员工与人工智能机器的关系，做出既具科学又富有人性化的决策成为管理者面对的新挑战。据调查显示，约有一半的管理者认为人工智能工具难以整合到现有的管理体系，其中现有员工是主要阻力之一。人工智能可能取代员工岗位，造成员工失业，因此，

---

① 功利主义是指一种强调功利价值、以功利为衡量事物价值尺度的思想文化现象，当功利主义发展到一个极端则演变成为唯利主义；与功利主义相对的是非功利主义，非功利主义注重非功利的价值即精神价值，强调精神价值对人生、社会的意义，非功利主义的极端形式则是反功利主义，过分强调精神价值而走向对功利价值的否定和排斥。

可被替代岗位的员工对人工智能有天然的抗拒性。另外，人工智能的作用与部分员工职能重合，如何合理分配人工智能与员工的权责，使员工与人工智能机器都尽可能地发挥价值是管理者面对的另一难题。

智能化的管理手段给管理工作带来便捷，大幅度地提高了管理效率，并且精密准确的计算使得决策追求极致效率成为可能。在传统"效率"思维的导向下，管理者习惯性忽视组织的公平问题与规则约束，有滥用智能化管理手段以达到管理效率的最大化的倾向，极易落入"效率"的陷阱。

随着智能化应用的广泛部署，企业可实现对员工工作过程的全面监控，员工工作状态逐渐透明。南京某公司给员工配发含有定位监控功能的智能手环、智能手机，时时监控员工的工作状态，对"偷懒"的员工自动发出语音提醒。这一举措虽然极大地提升了员工的工作效率，但却使员工丧失了工作的灵活度和自由度，同时还涉嫌侵犯员工的隐私权与人身权，损害了员工获取尊重、信任的权利，模糊了组织与员工权利与义务的边界，破坏了责任与权力公平配置的原则，上述案例便是管理者应用智能技术追求极致效率而引发的"效率与公平"失衡的生动体现。

法商管理或为上述管理难题带来全新的解决思路。从本质上来说，管理者所面对的根本问题是组织各方主体的权益安排问题，期间所涉及的主体不仅包括员工，还包括人工智能技术与管理者自身。法商管理所探讨的主体间权益分配问题或能帮助管理者明确员工与人工智能机器的责任边界，发挥员工与人工智能各自的独特价值，实现员工与人工智能的协调合作；同时对各方参与主体权益的合理安排有助于实现组织中的"效率与公平的均衡"，避免管理者落入"效率"逻辑的陷阱。

基于分布式存储、数字加密等技术的区块链蓬勃兴起，颠覆性地改变了原有的组织形态，如何设置规则形成全网共识机制是区块链治理的主要问题。而传统管理方法是在管理传统组织体系中总结凝练而来，面对一个分布式、去中心化的新型组织结构难免会捉襟见肘。区块链治理的核心问题是各节点权力与收益的分配问题。区块链去中心化程度高致使权力越分散，各节点（参与者）相对平等，但形成全网共识的难度大，决策效率较低；反之，中心化程度高，权力集中，公平性低，决策效率较高。EOS 虽然实现了高于以太坊百倍的运行速度，但其去中心化程度一直备受质疑。EOS 的高效性得益于超级节点的设置，但其超级节点数量仅有 21 个，且有高于普通节点的权力与收益，有潜在合谋腐败风险，其安全性、公平性难以保障。区块链治理的本质是在处理公平与效率的均衡问题，在这一点上法商管理或能为区块链的底层设计提供帮助。法商管理所倡导的"效率与公平"均衡的价值观，能为区块链的治理问题提供顶层化、体系化的理论基础指导。[242]

第二，新技术下的资源获取与管控。

随着信息技术、数字化的快速发展，大数据已从理论阶段转向深化应用阶段，数据成为企业的重要战略资源，数据应用与管理成为企业资源管控的重中之重。各行业的数据量在全球范围内都呈急剧增长态势，据 Statista 统计预测，2020 年，全球数据量将达 59ZB，较 2015 年增长近 3 倍①。但在海量的数据积累下，绝大部分数据有待开发利用，全球仅有 2% 的数据被真正利用②；即使在使用数据较多金融行业，实际数据利用率也仅为 34%③。造成数据利用率低的重要原因是数据孤岛与壁垒。数据分散在各个企业、政府部门中，则难以挖掘真正的价值，实现数据的自由流动与共享是释放大数据价值的关键所在[243]。实际的数据开放过程中有两大难点：一是企业的战略问题：数据共享开放可能导致数据资源外溢和失控，极易使竞争对手获取战略性数据资源，丧失竞争优势；二是法律规则问题：目前市场未形成数据共享开放的相关规则制度，缺乏数据开放的原则、格式、质量的规范要求，导致各组之间数据互通性差。未来要解决数据的开放与共享的问题，需要从顶层设计一套具有商业战略导向、兼备法治思维的治理思想，而法商管理基于"效率与公平"的价值观和方法论，能切实帮助各组织整合数据资源，驾驭数据管理与开放规则，实现企业、政府部门及其他组织间的数据共享共赢。

---

① Volume of data/information created worldwide from 2010 to 2024，Statista.

② 硅谷洞察 [EB/OL]. http：//www. svinsight. com/post. html? id = 653.

③ BCG 报告 [EB/OL]. https：//image – src. bcg. com/BCG_ Big_ Data_ Report_ Feb_ 2015_ CHN_ tcm93 – 124513. pdf.

技术的进步与发展更新了信息、资金等资源的流动与整合方式，企业获取与使用资源的路径变得更丰富、灵活，但与之相伴的是新的风险与危机。部分新技术迅速崛起，部分技术细节尚不完善，且配套的规则制度还未形成，应用与商业活动中可能存在较大隐患。部分企业享受新技术带来便利，却未意识到其潜在风险。以太坊的智能合约提供了新的融资渠道，自治组织 THE DAO 在28 天内融资超 1 亿美元，但因智能合约设置的缺陷引发严重的规则漏洞，致使黑客盗取价值 5000 万美元的以太币。对资源的不善使用不仅存在商业运营风险，还可能违背法律规则，触碰道德准绳。客户信息数据是企业的核心数字资产，但是对客户信息的收集、使用、披露要充分考虑客户的隐私权甚至数据所有权。互联网巨头脸书因滥用客户信息而收到法国、德国、巴西等多个国家的巨额罚单；无独有偶，全球最大的搜索引擎谷歌也多次因不当使用客户数据被欧盟制裁。这些案例充分反映了当代管理者对数字资源风险的认识不足，而法商管理适时地弥补了管理者对资源风险视角的缺失，能帮助管理者重塑健康安全的资源战略观，强化对输入或拥有资源的管控力。

第三，新技术下的市场营销与业务增长。

互联网、大数据技术的进步与发展不仅创造了新的产品服务，还颠覆了原有的营销模式，但新技术下的营销手段与产品服务常有伦理失范的事件发生，营销效率与营销公平难以平衡。例如，部分企业利用大数据技术能深入挖掘客户的消费偏好与消费能力，对高偏好、高消费能力的客户进行价格歧视，采用更高的产品定价，严重损害了消费者的知情权、隐私权等。而大数据算法本身可能带有某种偏见倾向，形成对特定消费者群体的偏见，引发性别歧视或种族歧视等社会问题。大数据技术大幅度提高了企业市场营销的精准度与效率性，但对不同消费者群体可能实行差别对待，存在潜在的公平性问题。市场亟须建立兼顾效率与公平的规则体系，约束企业的技术应用行为。而企业管理者也需要在"法""商"结合的管理理论指导下形成效率与公平均衡的管理体系，合理有效地安排消费者权益。

高新技术的发展推动了新产品、新服务的出现，引发了新的消费需求，拓宽了企业的业务增长模式。移动互联、GPS、大数据等技术支撑了外卖平台、出行平台的运营发展；新能源、互联网、人工智能等技术为造车新势力的崛起创造条件。然而，外卖大战过后，各类外卖平台相继退出市场，连长期占据市场份额前三的百度外卖也难以为继；车市遇冷，政府补贴退坡，造车新势力大浪淘沙，赛博、拜腾等企业相继被淘汰。新技术包裹下的新业务常常陷入烧钱抢占市场、亏损再烧钱的怪圈，业务发展后续乏力，难以形成可持续发展的业务增长模式。新技术能创造新业务，但是新的业务模式需要以长期、持续发展为导向。这就要求新业务不仅能实现短期的经济价值，还能符合经济发展规律和法律与道德的规范，具备长期发展的潜力，即新业务要能帮助企业实现经济价值、治理价值、发展价值的整体最优与持续增长。

综合对业务层面的分析可见，新技术推动下的新业务面临经济、治理与发展难题，新业务急需新的规则体系与可持续发展的增长模式。法商管理关注企业经济、治理、发展三个维度综合水平，或为新业务的难题带来新的解决思路。

（三）法商管理范式的问题集域

1. 法商管理的前沿课题

管理学作为一门经世致用的学科，需要坚持从企业中来到企业中去，要将解决管理中的客观问题作为理论研究的重点。但是理论的产生与发展具有其特定的时代背景和历史条件，随着社会现状的不断演变，其自身的内容也在不断地充实和调整，因此不同管理理论所面对的"问题集域"也是具有差异性的。法商管理作为新时代全新的管理思想和管理领域，其所要解决的"问题集域"也是不同的，本书一个重要的研究目的，便是探索并阐述法商管理的"问题集域"。

法商管理理论具有前瞻性与实践性，这便意味着法商管理理论必然要对目前经典管理学所难以解决与解释的部分前沿热点问题具备强大的解释力。因此，法商管理所面对的"问题集域"必然与目前管理学学科的研究前沿在一定程度上具有重合性。因此，探索并阐述法商管理的"问题集域"需要从管理学的研究前沿入手。

上文梳理了40余个管理学的研究前沿，不难发现一些研究前沿主题已然涉及法商管理的研究范畴。比如，"企业组织控制及组织结构对绩效的影响""行业规则改变对企业维持利润优势的影响""商业价值及影响因素战略联盟内的权责安排"等。这种研究前沿主题与法商管理研究范畴的吻合性，代表着法商管理未来研究趋势将与管理学学科研究的发展趋势相吻合。通过对上文梳理的40余个管理学研究前沿的归纳总结，本书认为管理学学科研究的发展呈现以下趋势。

（1）对规则理解程度加深。

纵观管理学的发展历史，学界对"规则"的理解越来越深入。规则的设置视角由内向外逐渐拓展；"规则"制约的主体愈发多元。

在古典管理时期，学者设置等级制度、劳动分工、权责安排、奖惩规则以此约束一般劳动工作者。古典管理的规则冰冷、机械化，忽视了人的主观能动性，制约企业效率的进一步提高。效率瓶颈引发学者对企业规章制度、结构设计的反思。从霍桑实验起，学者着眼于人的心理情况与人际关系的研究，并设计更为人性化的规则，改善激励、晋升、沟通、决策机制，以此突破效率瓶颈。从古典管理理论到人际关系理论，规则的设立以管理劳动工作者为主，但规则不再是刻板的、机械化的条文，而是更加的人性化，关心工人的心理需求与社会关系。规则的作用也不仅是对劳动工作者进行约束，更多的是为工人创造更好的工作环境，通过激发其主观能动性提高工作效率。

到了委托代理、公司治理理论的时代，规则作用的主体由底层劳动者转向高层管理者。该时期的治理规则设置主要以企业内部控制为主，明确了高管、董事会、股东三者的权责安排，以解决三者的利益冲突，实现股东利益的最大化。随后，公司治理的视角从组织内扩展到组织外部，引入法律制度、监管政策等变量到公司治理系统中，确保企业从上至下经营行为的的合规性。

随后公司治理范畴跳出了个体组织边界，向联盟伙伴以及其他利益相关者拓展。20 世纪 80～90 年代，企业间的合作联盟兴起，推动了学界对联盟组织内外规则制度的研究，其前沿趋势包括战略联盟治理、知识共享机制、外部法规监管的调节作用等主题。例如，施瓦拉姆·笛瓦康达（S. Devarakonda）与杰弗里·瑞尔（J. Reuer）（2018）研究了战略联盟内的治理规则，以规范合作伙伴间的决策职责划分与知识转移共享[244]；希亚·惠昂等（S. Hwee et al.）（2015）研究了监管制度的差异对跨国联盟形成的交互作用[245]。

同一时期，管理学界的部分学者也开始反思以效率、效益等经济目标为导向的管理理论弊端。战略大师明茨伯格批判性地指出，效率不能计算不可衡量的利益与成本；而企业的经济成本比其社会成本更易衡量，导致效率更偏向描述企业经济，而放任其可能的社会成本，造成"外部效应"。彼时，企业社会责任运动方兴未艾，社会对企业的要求与期许迫使企业关注到自己在社会中担任的角色。企业社会责任与利益相关者理论由此兴起，公司治理规则也逐渐考虑到企业对社会环境以及利益相关者的影响，甚至与利益相关者分享决策权，以平衡各方群体的利益诉求。近十年的学术著作中，学界对相关内容研究包括"构建保护利益相关者的组织结构""不同公司治理模式效果"等主题。例如，蓝璐璐（Lan Luh Luh）与洛伊左思·赫拉克莱奥斯（L. Heracleous）（2010）反思了委托—代理理论以股东利益为核心的公司治理规则，并运用法学模型论证了公司治理保护利益相关者（如顾客、供应商、社区等）权益的合法性[246]；努诺·吉尔（N. Gil）和杰弗里·平特（P. Jeffrey）（2018）探讨了一种多中心的组织结构，这种组织采用相对分权的治理结构与决策机制，使关键的独立利益相关者（当地政府、合作伙伴等）在项目规划中拥有局部决策权[247]；塞拉·布尔多等（S. Bourdeau et al.）（2018）研究了企业的组织规范、员工政策（如弹性工作、线上办公等）对员工工资涨幅、晋升机遇的影响[248]。

可见，管理理论发展至今，学者对规则运用有了更深的认识。设置规则不仅是控制工人的手段，更是管控高管、董事及股东的方式。设立规则的意义不仅是约束个人的行为，也是保护各方的利益。规则设定要综合考虑内外部因素，在维护效率的同时兼顾公平。

（2）对长期发展重视程度加深。

管理理论的研究经历了由"实现经济目标"到"重视长期发展"的变迁。管理学初期的研究以提高效率为主。科学管理、霍桑实验等研究的根本目的是提高工人生产力，以满足工业革命与世界大战催生的大规模生产需求。这种对效率的追求符合特定的时代背景，但是使管理者局限于眼前的"成本—效率"二元分析，而失去对企业长期发展的思考。同时，早期管理学着眼于劳动者的体力付出，并不重视员工的智力贡献，忽视了知识工作者的价值。

"二战"后经济复苏、人民生活水平提高，消费者对产品有了个性化的需求。而大规模、批量化生产的产品同质化严重，整体缺乏特色，消费者吸引力丧失较为迅速。企业家、研究者发现，不面向市场的高效生产并不能为消费者创造价值，会最终被市场淘汰。这引发了学界、商界对"生产效率至上"原则的反思。随后，企业开始了解市场动态，尝试预测顾客的消费需求，并规划更为长期经营战略。学界也开始关注企业长期生存需求，研究企业在动态市场与复杂环境下的适应性与战略选择。战略管理学派异军突起，相关学者以更广阔的视野研究企业的长期价值，为企业实现长期战略目标的探寻理论根基与实践法则。

在企业竞争日渐激烈的商业环境下，学界将研究重点放在竞争战略上，更关注长期的竞争优势。管理学学者认为，企业要想在激烈竞争中持久生存就要形成核心竞争力，取得竞争优势。其中最有代表性的资源基础观理论，该学派的学者从企业稀缺的、有价的、不可替代的资源展开研究，关注能帮助企业形成长期竞争优势的核心资源。

随着计算机技术、航空技术、生命科学技术等高速发展，人们的生活发生了翻天覆地的变化。人们逐渐意识到技术背后的知识是促进经济进步、社会发展的重要动力。人类社会从传统的工业社会向新型的知识经济社会转变。影响企业长期发展的核心资源不仅限于有形资产，还包括知识、技术、能力等无形资源。学界对企业知识与技术的获取、整合、创新，以及能力培养、维持等过程展开深入探讨与研究，而与这些过程相关的知识管理、创新管理、动态能力等话题成为管理学发展的新兴趋势，研究具体方向包括"创新来源与组织内外部知识的搜索获取、整合吸收""员工兼职创业与创新行为""高层管理团队特质与创新的关系""动态能力的培育、评价、维持与更新"等。例如，亚伦·查特基（A. Chatterji）与琪拉·法布里齐奥（K. Fabrizio）（2014）发现用户是企业重要的外部知识来源，企业与用户合作能提高产品创新能力[249]；大卫·马歇尔等（D. Marshall et al.）（2019）整合了创业学习、知识与学习转移、员工创新等方面的理论，研究企业员工兼职创业与创新行为的关系[250]；凯特琳·托特等（K. Talke et al.）（2019）研究了高管团队的个人特质与多元化程度对企业创新战略与创新管理的潜在影响[251]；金钟旭（K. Jongwook）与约瑟夫·马奥尼（J. Mahoney）（2010）从产权理论的经济视角研究了动态能力的培养、维持与恢复活力[252]。管理理论演变至今，对企业的永续经营、长久发展更为重视，其研究内容也愈发丰富多元。

（3）对权益研究更为深入。

随着个体意识的不断发展，"权益"成为越发重要的话题，渗透于社会运行的方方面面。从管理学研究来看，学界对权益问题的关注也呈从无到有、从浅至深的趋势，且权益包含的内容越来越广，涉及的主体也愈发复杂。

尽管在科学管理时代，泰勒及其追随者已表现出对个体受到尊重及扩大共同利益的重视，但管理学中有关人及人的权益问题真正受到重视，是从著名的霍桑实验开始的。霍桑实验得出了许多颠覆彼时人们认知的结论，相比科学管理对薪酬激励计划的信心，霍桑实验的结论显示，金钱对工人来说并非唯一激励因素，反而是支持性的人际关系在提升工作效率方面展现出了令人意外的重要意义。这种良好的人际关系既存在于员工与员工之间，也存在于员工与上级之间，因此霍桑实验的研究者鼓励管理者更好地倾听员工，使员工感到被关注、被尊重、被认同，继而收获更高的员工满意度与劳动生产率。霍桑实验的结果使人们首次明确认识到个人权益的保障对提升劳动生产效率的非凡意义，梅奥对实验数据的解读也揭示出一个真正高效的组织应该具备平衡组织经济需要与员工个人及社会需要的能力[3]。尽管学界对霍桑实验的科学性争议不断，但毫无疑问，它开启了管理学研究持续探索权益的旅程。

随着管理学理论及商业实践的发展，权益的内容变得愈发复杂，其演变过程与马斯洛的需求理论大致契合。具体来看，权益的内容从泰勒时代单纯的经济利益发展到霍桑实验时代的安全感、支持性人际关系与受尊重感，继而又发展到知识管理时代的自我实现与成长。在知识管理时代，人才与其所具备的专业知识受到了前所未有的重视，个人成长也逐渐成为员工对权益的重要需求，因此许多组织通过资助员工进修、开办高端培训等方式对员工的新权益需求加以维护。

在权益需求增加的同时，权益范围也进一步拓宽。战略联盟及社会网络的发展为权益涉及主体范围的进一步丰富提供了契机。对权益分配及安排的讨论不再限于组织内部个体之间，还包括了合作伙伴双方乃至多方之间。权益问题的重要程度与日俱增，妥善安排各方权益的难度也顺势增长。

细观近十年发表在管理学期级刊物上的文章，有关权益的研究不在少数，且在深度关注员工权益的同时亦扩大了权益主体的研究范围。例如，玛利亚·戈拉诺娃等（M. Goranova et al.）（2010）在发表的论文中着重研究了并购重组背景下各方主体因不同的自身权益归属而产生的不同诉求，以及其对最终收购结果的影响[253]；李家涛等（2013）研究了中国上市公司收购中，主要股东与中小股东间的利益冲突为收购带来的阻力，以及这种阻力在中小股东权益得到合理制度保护时的减弱现象[254]；郑彦锋（2015）则将研究视角放在了战略联盟中不同主体的权责安排，以及其对联盟伙伴突破性创新的影响[255]；钱翠丽（2017）在研究中分析了大股东与小股东间价值分配对知识资产与公司绩效间预期关系的影响，强调了保护中小股东权益对利用知识资产创造效益的重要作用[256]；亨德里克·休特曼（H. Huettermann）（2019）深入分析了与员工健康相关的人力资源管理及员工集体福利水平对公司绩效的影响[257]。

从上述近年顶尖管理学研究中可以看出，学界一方面更加深入与细化对员工权益的研究，另一方面也日益关注对多主体权益关系及影响的分析，可以预期，未来管理学对权益问题将进行更为密集与深入的讨论。

（4）合作共赢的趋势加深。

随着社会经济的不断发展，企业之间关系的复杂化和多样化程度逐步加深。回顾管理学理论演进历史，可以发现，企业关系经历了由简至繁，由独立到竞争再到合作这样一个发展过程。

最初，企业的发展和扩张方式十分简单，多数企业尽力覆盖产业链中的各个环节，以此来组建成大型的垄断企业，这一时期的企业间关系较为独立。因此，相关管理学研究也多聚焦于企业组织本体。

随着经济规模的扩大和产业之间交叉渗透的趋势日益明显，企业规模扩张的方式开始转向企业之间的兼并和收购，企业之间的竞争关系逐渐增强。兼并和收购虽然可以在短时间内可以急剧提高企业的规模和竞争能力，但其副作用也同样明显，例如，恶性并购极易导致不正当的市场竞争而引发零和甚至负和博弈，以及企业过于庞大导致其核心竞争力受损等。这一时期的企业关系，表现出了复杂的特征并以竞争关系为主。这一阶段的管理学研究聚焦于企业的战略竞争能力以及以资源为基础的企业特质研究等。

当经济规模扩张至一定程度，一些大而全的企业，因其体量过于庞大，在市场竞争中的地位日益被动。伴随着经济全球化和一体化浪潮，企业间的接触逐渐增多，这一时期企业开始专注于自身核心业务，将一些非核心的业务采取外包或者合作的方式进行剥离，各种类型的企业合作关系开始诞生，博弈类型也变负和、零和为正和博弈。理论与实际相结合，这一阶段的管理学研究开始转向战略联盟、企业社会网络等具有合作性质的研究主题。

在近十年发表于管理学期刊的文章中，乔金·温森特（J. Wincent）（2010）以拓展的社会网络方法研究了合作伙伴间互惠关系对公司绩效的积极意义，以及其对战略网络中管理者的启示意义[258]；克里斯蒂安·科勒（C. Koehler）（2012）研究了企业增加开放性，与外部伙伴合作进行研发活动对提高其创新有效性的积极意义[259]；史蒂芬·罗宾（S. Robin）（2013）评估了企业与公共研究合作对产品及工艺创新的影响，并肯定了合作对产品创新的正面作用，以及企业提高开放性对工艺创新的帮助[260]；杰森·戴维斯（J. P. Davis）（2016）探讨了组织如何与多个合作伙伴协作进行创新活动，以及合作方式对创新绩效的影响[261]；玛丽安·斯坦莫（M. Steinmo）（2018）研究了不同企业如何在创新过程中与大学实现良好合作，以此提升自身竞争力，并为经验不足的公司提供了与大学合作伙伴开展成功合作的相关建议[262]。

综合以上内容，不难发现管理学对多主体"合作共赢"的研究不断深入，这与法商管理所倡导的"共赢"理念不谋而合，随着合作理念的深入人心，未来管理学研究也将对合作各方间的权责安排及共赢方式倾以更多关注。

（5）总结。

上述对前沿趋势的归纳总结，可以认为法商管理的"问题集域"主要聚焦于四个领域，分别是企业规则运用、企业健康发展、企业权益研究和企业合作共赢。未来法商管理的研究将沿着上述四大"问题集域"继续深入细化，在每个研究领域探索更具实用性的子课题，以此能够更加完备地构建法商管理理论体系。

在企业规则层面，未来法商管理的研究将以"规则"为核心进行理论体系的构建，针对"规则"的研究将聚焦于企业制定规则的成本、规则价值的体现、规则资源的获取与维护、规则风险的管控与治理、规则的博弈、将规则纳入决策等。

在企业健康发展方面，法商管理的研究核心将聚焦于"持续"与"健康"，此方向的研究将意图改变旧有"野蛮生长"式的企业发展模式，真正将企业引入"持续""健康""创富"的发展模式中。具体的研究子主题包括企业发展价值的构建、企业健康发展模式的探索、创新对于发展的意义、企业社会责任对于发展的意义等。

权益无疑是企业权益研究方面最为核心的内容，同时"权益"也是法商思维的核心。权益作为法商管理的创新概念可以有效地体现法商管理的独创性与抽象性，因此关于企业权益的研究意义重大。具体针对"权益"的研究将从以下几点展开：权益概念的诠释、权益概念的溯源、企业合理权益安排的标准、权益对象的分类、权益的合理管控等。

"共赢是企业未来发展的新趋势"这一观点已经成为各界较为普遍的共识。同时，"共赢模式"也是法商管理所持续倡导的新模式。"共"代表了一种合作，意味着各方参与者的权益实现互利共享，而"赢"则代表了一种结果，过去企业一味追求效率强调企业的"盈"，由此造成了一系列恶果；而在法商理论的指导下，企业需要从"盈"模式转型升级为效率与公平均衡的权益共享的"赢"模式。具体针对"共赢"的研究将从以下几点展开：法商"共赢"模式的构建、"共赢"的标准、合作共赢实现的路径等。

实际上，目前管理学研究的部分前沿主题已然针对上述课题进行了探索。本书挑选了部分前沿主题进行了展示，如表30所示。

表30　管理学研究前沿主题

规则	持续发展	权益	共赢
不同公司治理模式效果的研究	动态能力培育与企业绩效及竞争优势关系	人力资源管理及员工福利对绩效的影响	国家系统创新与国家间合作创新
构建保护利益相关者的组织结构	动态能力培育与企业绩效及竞争优势关系	战略联盟内的权责安排、投资组合对企业创新的影响	开放式创新绩效与企业市场价值
创新知识的溢出效应与保护策略	员工兼职创业与创新行为	高管领导力（高管—下属关系）方面的研究	开放创新及吸收能力对企业成功的影响研究
战略联盟内的创新知识扩散、外溢效应及保护策略	外部知识来源与企业灵活调整战略能力关系	控股股东与小股东之间的利益冲突	产学研的合作机制、商业价值及影响因素
行业规则改变对企业维持利润优势的影响	高层管理团队的特质与创新的关系	并购重组背景下各方主体的利益保护	合作网络对企业的组织学习与研发创新的促进作用及影响因素

2. 法学与管理学结合

（1）法商管理的学科逻辑。

根据期刊共被引网络分析结果可知，目前法学与管理学已经有了融合的迹象，法学与管理学的融合是通过法经济学这一理论体系间接联系的。法经济学是法学与经济学融合发展起来的一门交叉学科，波斯纳在《法律的经济分析》中论述道："法经济学是将经济学的理论和经验主义的方法全面运用于法律制度分析"，这一定义也符合法经济学主流学派对其学科性质的定位，即将经济分析的方法应用于法学中。1960 年，科斯在《社会成本问题》一书中用交易成本的研究方法探讨分析了权力的界定对资源配置的影响，即著名的"科斯定理"，科斯开创了应用经济学的理论和方法分析法律案例的先河。科斯利用"交易成本"的分析方法，奠定了法经济学的基础，指明了法经济学的发展方向，并逐渐形成法经济学研究范式[263]。随着法经济学理论的逐步完善以及其理论解释力度的不断提升，法经济学不再拘泥于解释法学问题，其范式逐步应用于企业主体的研究。目前，法经济学对于公司治理、知识产权保护、企业社会责任等话题具有独特的解释力度，经济学、法学、管理学三者出现了融合的新局面。

法经济学与法商管理既有联系又有区别。法商管理与法经济学在"商与法"的价值观和方法论整合的思想几乎一致，二者都强调商业思维和法律思维的统一，都认为需要理性地考虑"规则成本"。但二者的区别也同样明显，正如经济学与管理学之间的认识差异，法经济学更多是探讨这种规则本身是否有效率，更倾向于用理论解释现象；而法商管理是从管理的视角揭示企业经营活动的法商管理，更聚焦于企业如何适应并利用这种规则来创造价值。

仅用理论解释现象是不够的，以经济学学科定位的法经济学注定解决不了管理学的问题。管理学的实践性决定了"法"与"商"需要有更为深入的结合，需要在实际上更具指导性。因此，管理学与法学的结合需要在学科定位上更为纯粹的法商管理学。

（2）法商管理的应用逻辑。

除了法经济学这样明确的学科交叉外，更广义的法与商的融合思维也在管理实践中得到了越来越显著的体现，下面从企业经营的四个方面对这种融合趋势进行简要分析。

第一，企业管理与公司治理。企业管理是指对企业的经营运作进行统筹规划、组织领导、协调控制等的一系列活动。企业管理的主体是企业经营者，其目的是实现企业效益的最大化。随着现代公司制度与法人治理结构的确立，公司治理成为管理过程的主流趋势。公司治理可分为内外部治理两方面，包括董事会治理、股东治理、高管层治理、政府监督、法律约束等内容。公司治理通过公司规章制度约束管理者，使其依照规则发挥领导作用。这就对企业的高管有了新的要求：高管在企业经营中要树立"法人"观念，秉承"规则"意识，遵循企业内外部的规章制度与道德准则。然而，部分企业家仍停留在企业管理时代，没有转变到公司治理的法人运行机制中来，盲求效益而忽视规则，导致了企业经营的各种问题与风险。

针对这种现象，部分学者以法商融合的视角研究企业的经营模式与战略规划，分析潜在的规则成本与价值。葛建华（2012）研究了企业应对环境问题和环境规制的不同战略选择与企业绩效的关系。发现环境规制对企业绩效的调节作用，指出将环境规制变量纳入企业战略决策中能提高企业绩效。环境规制为"法"，经营战略为"商"[264]。葛建华的研究充分展现了规则意识对企业经营的意义。

第二，资源管理与契约管理。对于大部分企业管理者来说，资源是企业经营的头等大事，对资源的管理往往会成为企业管理的重心。作为企业生存发展的重要基础，资源理应受到充分重视，但随着市场经济的发展，经营者对资源管理的认识已稍显片面，难以满足时代对管理提出的新要求。当前背景下，企业所需资源均要通过一定交换方式获得，而交换活动又依靠契约维系，包括企业内部契约及企业间契约等，因此管理者必须具备良好的契约管理能力，能在交换关系的建立、履行与维护中发挥关键作用，才能真正做好企业的资源管理乃至整体管理工作，这也对管理者掌握并应用法与商跨学科知识的能力提出了更高要求。

许多研究者也对资源与契约管理的相关问题进行了深入法商探索。巫云仙分析了西方早期五个代表性成功企业的管理实践，其中的索霍铸造厂经历了三个家族、两代人的共同努力，以科学的规范化与制度化管理平衡了复杂的合伙关系，成功将蒸汽机转变为现实的生产力，是契约履职能力助益资源管理的绝佳例子[265]。张丽英和王天冕则通过分析苹果公司在中国的 iPad 商标争端，警示了企业在订立契约时进行严肃调查以避免陷入资源相关困境的重要意义[266]。

在市场经济背景下，资源管理与契约管理的关系日趋密切，需要借助融合思维加以解决的事务也日渐增多，包括但不限于知识产权管理、人力资源管理、战略联盟相关问题等。

第三，竞争市场与把控标准。随着技术不断变革、产品更迭加快，市场竞争愈发激烈。在这个强调竞争的时代，多数企业扩大宣传、提高销售业绩、抢占市场份额，试图获得更高的市场地位。然而，部分企业在迅速扩张的同时忽视了市场的规则与标准，向市场输出质量不达标的产品，甚至触碰产品安全红线，以牺牲未来为代价换取眼前的利益。其实，从企业的长期生存与可持续发展的角度来看，企业在特定市场的竞争活动要符合特定的市场准则。除了现行的法律法规、监管政策外，不同的细分市场有各自的规则制度与行业标准。尤其是经济全球化的今天，企业在"走出去"的过程中更需注意国际市场与目标市场的准则与规范。

已有学者研究了企业在把控市场标准的同时如何取得市场竞争优势。他们主张企业将市场准则纳入市场竞争战略的制定中。陈曦、周靖凯从法律规则风险与市场竞争优势的"法"与"商"角度分析了制造低成本、仿冒产品的"山寨"企业。他们指出，"山寨"产品也应符合市场标准，不应包括未合格的次品。最后，他们用法商思维为"山寨"企业指明了一条发展转型之路[267]。陈曦、周靖凯的研究体现了法商结合对指导企业市场竞争的重要价值与意义。其实，法与商的交叉融合体现在企业市场活动的各个方面，包括产品的国际质量标准认证、跨境经营的法律风险与道德要求等。

第四，商业风险与法律风险。基于经典管理学的视角，许多管理者都对企业经营中的商业风险极为关注，却往往会忽视经营活动中无处不在的法律与规则所潜藏的风险。管理者在制定决策时，谨慎分析投入产出以避免亏损、提升效益这点固然重要，但随着商业活动中法治精神的日趋完善，将法律或规则作为重要变量同样纳入决策思考已成为企业避免大型经营风险的必经途径。

管理学研究中也出现了许多呼吁法律与商业深度结合的声音。哈佛大学商学院教授康丝坦斯·巴格利（C. E. Bagley）认为企业的法律决策亦属于重要管理问题，管理者应具备良好的法律敏锐性，对法律知识具备必要了解且善用法律工具。同时，巴格利认为一旦管理者自身缺乏处理法律问题的基本能力，即使聘用专业的法律顾问，也可能因双方的信息及知识不对称而给公司带来经营风险[268]。另外，王玲将企业决策的合法性与决策对长期经营绩效的影响相结合，创建了融合法律与商事思维的 TDCA 优化工具，并认为那些"合法且有利"的决策才能帮助企业实现真正的可持续发展[269]。

无论是从研究者视角还是实践经营者视角来看，法律相关知识在商业活动中的应用意义已愈发重要，两者的融合思维几乎涉及商事活动的方方面面，如熟悉劳动法在雇用与裁退员工方面的重要作用、重视环保法规对企业建立持续竞争优势的意义以及遵守当地法规对跨国贸易活动的关键影响等。

（四）法商管理的新时代

1. 法商管理研究核心前沿

历史一再证明，最有生命力、最有创造性的管理理论往往产生于飞跃发展的时代。随着中国改革开放实践的不断深入、市场经济的不断发展、世界经济的加速融合以及对"效率至上"的深刻反思，法商管理思想得到越来越多的管理学研究者、专业服务提供者和企业经营实践者的高度关注与认可。目前，处于法商管理研究的绝对核心前沿的是以孙选中为核心的法商管理研究团队。

孙选中经过数十年的深入研究，提出了以"权益为本""效率与公平均衡""资源＋规则""法商价值"等一系列法商管理新范畴，建构了具有创新价值和现实指导意义的法商"赢三角"战略架构，在学术界和社会中产生了重要影响。法商管理学的创建历程跨度近 30 年。纵观法商理论整体发展过程，可以划分为三个阶段：理论探索阶段、理论创建阶段和加速发展阶段。

（1）理论探索阶段。

法商管理的理论初步探索阶段始于 1994 年，这个阶段法商管理主要在于明确定位以及确定发展方向。孙选中创建法商管理理论的灵感来源于当时的工作任务：中国法学的最高学府——中国政法大学如何创办一个非法学类的新专业——工商管理专业。孙选中细致地分析了工商管理人才培养市场的细分，结合了中国政法大学独特的法学学科优势和社会主义市场经济对管理人才的新需求，提出了差异化的"法商复合型"管理人才培养方向，形成了"法商互动，知行合一"的培养理念。这种探索成为日后法商管理理论发展的开端，也是关于法商管理最早的研究。

（2）理论创建阶段。

随着我国市场经济制度的逐步完善与发展，孙选中发现很多企业管理者在"整合资源"方面展露出超群的能力，虽然这种能力能够为其迅速带来显著的成功，但也因其"驾驭规则"能力的薄弱或缺失导致这种成功难以延续，企业和个人频频陷入危机。在这种时代背景下，法商管理理论凸显其独特的价值。

这个阶段孙选中创造性地将"商与法"相结合，开拓了"整合资源＋驾驭规则"的管理领域，提出了"精商明法，敏思善行"的全新理念。同时，这一阶段孙选中坚持用理论去解释分析现实问题，在众多权威报纸杂志上发表了系列文章，用法商理论分析现实热点，如《网约车新政破解"深水区"改革密码》《需从法商管理入手提高直销社会形象》《万科股权之争的警示》等。这一阶段基本从知识点以及方法的层面上构建了法商管理的理论体系，实现了法商管理的飞跃发展。

（3）加速发展阶段。

此阶段主要将法商管理理论付诸实践，不断完善法商理论体系，创新升华法商管理理念，法商管理在理论的深度和广度上得到了更充分的发展。如果说理论探索和理论构建阶段是从知识点和方法论的层面实现了法商理论的发展，那么加速发展阶段则是从价值观层面推动理论的前进。这一阶段孙选中出版了法商管理的核心著作《法商管理解析——颠覆经典管理的思考》，力图从管理的思维源头和理论体系方面深刻挖掘法商管理的本质内涵及逻辑机理，书中对法商管理的定义做了全新的注释："法商管理就是基于效率与公平均衡的价值观和方法论进行有效的主体权益安排，以实现组织健康持续增长的目标。"这一定义从价值观层面强调了"效率"与"公平"的均衡，更抽象出决策之本

"权益",整体实现了法商管理理论的升华。另外,法商管理理论研究团队不断壮大,理论研究日益丰富,研究影响日益深化。此阶段出版了以"法商价值"为核心的一系列研究新成果,并且定期召开中国法商管理高峰论坛,提高法商管理的发声频率,不断扩大法商管理的影响力。目前,以孙选中教授为核心的法商管理研究团队是中国法商管理研究最为核心的研究前沿。

在国际上法商管理的研究前沿为美国耶鲁大学教授康斯坦斯·巴格利(C. E. Bagley),其虽然没有直接提出"法商管理"这一明确的概念,但是其研究的主题却和"法商管理"不谋而合。她在《合法制胜》(*Winning Legally*:*How Managers Can Use the Law to Create Value Marshal Resources and Manage Risk*)中提出了"用法律创造价值"和"整合资源与控制风险"的理念[270]与法商管理理念中"用规则创造价值"和"整合资源与驾驭规则"的理念不谋而合,这也直接证明了法商管理理论的正确性与先见性。

2. 新的研究方向

总体而言,法商管理经过数十年的发展,其理论的深度与广度已经得到了充分的发展,但理论探索永无止境,法商管理理论的发展还在中途,离终点仍有漫漫长路要走。为了使法商管理真正能够担当起新时代的管理使命,法商管理需要在以下研究方向上积极拓展:

其一,法商管理从学科角度来说,法代表的是法学,商代表的是管理学,法商结合并不是简单的法学与管理学的求和相加,二者在学科上的融合应更具有结构性,产生一种独特的结构效应。法商理论的结构效应体现在,在知识点、方法论与价值观三个不同层次上的"法""商"结合会产生截然不同的内容。

其二,应该对法商管理的核心——"权益",在内涵与原则上做出更加清晰明确的解释。"权益"并不是一个全新的词汇,在法学理论、财务理论、哲学理论中都可以看到权益的踪影,不同学科中权益的内涵也是不同的,法商管理作为一门交叉学科,必然需要从其他学科中借鉴思路与方法,但在借鉴和学习的过程中,也会涌现出一些全新的内容。因此,需要明确在法商管理中权益的内涵，探索法商权益的涌现特征，分析法商权益与其他学科权益之间的相同点与不同点。此外，法商管理追求实现主体权益均衡发展，为了实现这种权益均衡必然要明确权益制定的原则与机制，以此指导企业更加科学合理地安排各方主体权益。

其三，从认识论的角度来看，一种理论和方法能够超越或取代另一种，是因为新的理论和方法不仅能够解释和解决已有理论和方法已经解释和解决的问题，还能够解释和解决已有理论和方法不能够解释和解决的问题。法商管理如果想要真正担当起新时代的管理使命，重要的理论研究和方法探索的任务就是极大程度地增强法商管理的科学解释力，增强科学解释力最直接的途径与方式就是直接用法商理论去解决一些现实生活中的案例与事件。因此，在未来用法商管理理论进行实证分析和用法商理论进行应用案例分析，也将是法商管理重要的研究方向。

3. 新的分析工具

法商分析工具将从两个方向进行构建与完善：第一个方向是法商管理作为一门交叉学科必须坚持用融合的思维进行理论研究，一方面要借鉴传统意义上的管理学交叉学科，如经济学、社会学、心理学等学科的研究方面，丰满法商管理学的理论体系。另一方面要实现学科的突破，从一些"远房"学科，如从系统科学、信息科学、计算机科学中探索理论研究的全新思路，为法商管理学的研究注入新鲜血液。

第二个方向是构建一批具有实用性和强解释力的法商分析工具。目前法商理论最重要的分析工具是"法商价值"，未来将以"法商价值"为核心，构建"法商价值体现分析法""法商价值矩阵""法商价值魔方图"等一系列工具，形成法商分析工具库。此外，还需要从决策入手，构建法商决策模型。将规则变量纳入决策，对经典效率决策模型进行改进与提升。

参考文献

［1］陈春花. 泰勒与劳动生产效率——写在《科学管理原理》百年诞辰［J］. 管理世界，2011（7）：164－168.

［2］佚名. 国外经济管理名著丛书［J］. 国际经济评论，1984（4）.

［3］丹尼尔·A. 雷恩等. 管理思想史（第5版）［M］. 北京：中国人民大学出版社，2009.

［4］李晋，刘洪. 管理学百年发展回顾与未来研究展望——暨纪念泰罗制诞生100周年［J］. 外国经济与管理，2011，30（4）：1－9.

［5］Thomas S. Kuhn. The Structure of Scientific Revolutions（Second Edition）［J］. Clio，1970（7）：554－555.

［6］罗珉. 管理学范式理论述评［J］. 外国经济与管理，2006（6）：3－12.

［7］罗珉. 论管理学范式革命［J］. 当代经济管理，2005，27（5）：35－40.

［8］Gibson Burrell，Gareth Morgan. Sociological Paradigms and Organizational Analysis［M］. London：Heinmann，1979.

［9］陈春花. 共享时代的到来需要管理新范式［J］. 管理学报，2016，13（2）：157－164.

［10］陈劲，尹西明. 范式跃迁视角下第四代管理学的兴起、特征与使命［J］. 管理学报，2019，16（1）：1－8.

［11］Robert A. Gordon，James E. Howell. Higher Education for Business［M］. New York：Columbia University Press，1959.

［12］Koontz H. The Management Theory Jungle［J］. Academy of Management Journal，1961，4（3）：174－188.

［13］Koontz H. The Management Theory Jungle Revisited［J］. Academy of Management Review，1980，5（2）：175－188.

［14］安德泽杰·胡克金斯基. 管理宗师：世界一流的管理思想［M］. 大连：东北财经大学出版社，1998.

［15］张兰霞. 新管理理论丛林研究［D］. 辽宁大学博士学位论文，2000.

［16］官鸣. 中西管理思想比较论纲［J］. 厦门大学学报（哲学社会科学版），1995（1）：56－62.

［17］彭新武. 西方管理思想史［M］. 北京：机械工业出版社，2018.

［18］蒋宇. 日本管理思想的融合发展［J］. 管理观察，2018（6）.

［19］韩雪娜. 当代日本管理思想研究综述［D］. 山东大学硕士学位论文，2013.

［20］Campbell F. The Theory of National and International Bibliography：With Special Reference to the Introduction of System in the Record of Modern Literature［C］. Library Bureau，1896.

［21］Sengupta I. N. Bibliometrics，Informetrics，Scientometrics and Librametrics：An Overview［J］. Libri，1992，42（2）：75－98.

［22］Osareh F. Bibliometrics，Citation Analysis and Co－citation Analysis：A Review of Literature I［J］. Libri，1996，46（3）：149－158.

［23］Pritchard A. Statistical Bibliography or Bibliometrics［J］. Journal of Documentation，1969，25（4）：348－349.

［24］Cole F. J.，Hulme E. W. The History of Comparative Anatomy—A Statistical Analysis of the Literature［J］. Science Progress，1917（11）：578－596.

［25］刘则渊，陈悦，朱晓宇. 普赖斯对科学学理论的贡献——纪念科学计量学之父普赖斯逝世30周年［J］. 科学学研究，2013，31（12）：1761－1772.

［26］李江，刘源浩，黄萃，苏竣. 用文献计量研究重塑政策文本数据分析——政策文献计量的起源、迁移与方法创新［J］. 公共管理学报，2015，12（2）：138－144，159.

［27］赵蓉英，许丽敏. 文献计量学发展演进与研究前沿的知识图谱探析［J］. 中国图书馆学，2010，36（5）：60－68.

［28］Zupic I.，Čater T. Bibliometric Methods in Management and Organization［J］. Organizational Research Methods，2015，18（3）：429－472.

［29］Garfield E. Is Citation Analysis a Legitimate Evaluation Tool？［J］. Scientometrics, 1979, 1 (4): 359 – 375.

[30] Cobo M. J., López – Herrera A. G, Herrera – Viedma E., et al. Science Mapping Software Tools: Review, Analysis, and Cooperative Study Among Tools [J]. Journal of the American Society for Information Science and Technology, 2011, 62 (7): 1382 – 1402.

[31] Garfield E., Sher I. H., Torpie R. J. The Use of Citation Data in Writing the History of Science [R]. Institute for Scientific Information Inc. Philadelphia PA, 1964.

[32] 陈悦, 刘则渊. 悄然兴起的科学知识图谱 [J]. 科学学研究, 2005 (2): 6 – 11.

[33] Hoffman, Donna L., Holbrook, Morris B. The Intellectual Structure of Consumer Research: A Bibliometric Study of Author Cocitations in the First 15 Years [J]. Journal of Consumer Research, 1993, 19 (4): 505.

[34] Usdiken B., Pasadeos Y. Organizational Analysis in North America and Europe: A Comparison of Co – citation Networks [J]. Organization Studies, 1995, 16 (3): 503 – 526.

[35] Pasadeos Y., Phelps J., Kim B. H. Disciplinary Impact of Advertising Scholars: Temporal Comparisons of Influential Authors, Works and Research Networks [J]. Journal of Advertising, 1998, 27 (4): 53 – 70.

[36] 陈悦. 管理学学科演进的科学计量研究 [D]. 大连理工大学博士学位论文, 2006.

[37] 侯剑华. 工商管理学科演进与前沿热点的可视化分析 [D]. 大连理工大学博士学位论文, 2009.

[38] 何超. 我国管理科学学科演进的知识图谱研究 [D]. 湖南大学博士学位论文, 2012.

[39] Ma Z., Yu K. H. Research Paradigms of Contemporary Knowledge Management Studies: 1998 – 2007 [J]. Journal of Knowledge Management, 2010, 14 (2): 175 – 189.

[40] Sedighi M., Jalalimanesh A. Mapping Research Trends in the Field of Knowledge Management [J]. Malaysian Journal of Library & Information Science, 2017, 19 (1).

[41] González – Valiente C. L., Santos M. L., Arencibia – Jorge R., et al.

Mapping the Evolution of Intellectual Structure in Information Management Using Author Co – citation Analysis [J]. Mobile Networks and Applications, 2019 (5): 1 – 15.

[42] Ramos – Rodríguez A. R. , Ruíz – Navarro J. Changes in the Intellectual Structure of Strategic Management Research: A Bibliometric Study of the Strategic Management Journal, 1980 – 2000 [J]. Strategic Management Journal, 2004, 25 (10): 981 – 1004.

[43] Vogel, Rick, Wolfgang H. Güttel. The Dynamic Capability View in Strategic Management: A Bibliometric Review [J]. International Journal of Management Reviews, 2013, 15 (4): 426 – 446.

[44] Nosella A. , Cantarello S. , Filippini R. The Intellectual Structure of Organizational Ambidexterity: A Bibliographic Investigation into the State of the Art [J]. Strategic Organization, 2012, 10 (4): 450 – 465.

[45] Gerdsri N. , Kongthon A. , Vatananan R. S. Mapping the Knowledge Evolution and Professional Network in the Field of Technology Roadmapping: A Bibliometric Analysis [J]. Technology Analysis & Strategic Management, 2013, 25 (4): 403 – 422.

[46] Shafique M. Thinking Inside the Box? Intellectual Structure of the Knowledge Base of Innovation Research (1988 – 2008) [J]. Strategic Management Journal, 2013, 34 (1): 62 – 93.

[47] Baumgartner H. Bibliometric Reflections on the History of Consumer Research [J]. Journal of Consumer Psychology, 2010, 20 (3): 233 – 238.

[48] Herbst U. , Voeth M. , Meister C. What do We Know about Buyer – seller Negotiations in Marketing Research? [J]. Industrial Marketing Management, 2011, 40 (6): 967 – 978.

[49] Pilkington A. , Fitzgerald R. Operations Management Themes, Concepts and Relationships: A Forward Retrospective of IJOPM [J]. International Journal of Operations & Production Management, 2006, 26 (11): 1255 – 1275.

[50] Pilkington A. , Meredith J. The Evolution of the Intellectual Structure of Operations Management—1980 – 2006: A Citation/Co – citation Analysis [J]. Journal of Operations Management, 2009, 27 (3): 185 – 202.

[51] Marsilio M. , Cappellaro G. , Cuccurullo C. The Intellectual Structure of

Research into PPPS: A Bibliometric Analysis［J］. Public Management Review, 2011, 13（6）: 763 － 782.

［52］Fischbach K., Putzke J., Schoder D. Co － authorship Networks in Electronic Markets Research［J］. Electronic Markets, 2011, 21（1）: 19 － 40.

［53］Mishra D., Luo Z., Jiang S., et al. A Bibliographic Study on Big Data: Concepts, Trends and Challenges［J］. Business Process Management Journal, 2017, 23（3）: 555 － 573.

［54］Small H. Co － citation in the Scientific Literature: A New Measure of the Relationship Between two Documents［J］. Journal of the American Society for Information Science, 1973, 24（4）: 265 － 269.

［55］White H., Griffith B. Core Journal Networks and Cocitation Maps in the Marine Sciences: Tools for Information Management in Interdisciplinary Research［J］. Journal of the American Society for Information Science, 1981, 32（3）: 163 － 171.

［56］McCain K. W. Mapping Economics Through the Journal Literature: An Experiment in Journal Cocitation Analysis［J］. Journal of the American Society for Information Science, 1991, 42（4）: 290 － 296.

［57］Small H., Sweeney E., Greenlee E. Clustering the Science Citation Index Using Co － citations. II. Mapping Science［J］. Scientometrics, 1985, 8（5 － 6）: 321 － 340.

［58］Chen C. Measuring the Movement of a Research Paradigm［C］//Visualization and Data Analysis［J］. International Society for Optics and Photonics, 2005, 56（9）: 63 － 76.

［59］Price D. J. Networks of Scientific Papers［J］. Science, 1965: 510 － 515.

［60］Chen C. CiteSpace Ⅱ: Detecting and Visualizing Emerging Trends and Transient Patterns in Scientific Literature［J］. Journal of the American Society for Information Science and Technology, 2006, 57（3）: 359 － 377.

［61］许海云, 尹春晓, 郭婷, 谭晓, 方曙. 学科交叉研究综述［J］. 图书情报工作, 2015, 59（5）: 119 － 127.

［62］杨永福, 洪咸友, 朱桂龙. 科学发展中的学科交叉研究史例探析［J］. 自然辩证法研究, 1999（4）: 60 － 64.

［63］路甬祥．学科交叉与交叉科学的意义［J］．中国科学院院刊，2005（1）：58 - 60．

［64］李杰，陈超美．CiteSpace：科技文本挖掘及可视化［M］．北京：首都经济贸易大学出版社，2016．

［65］Chen C . Searching for Intellectual Turning Points：Progressive Knowledge Domain Visualization［J］．Proceedings of the National Academy of Sciences，2004（101）：5303 - 5310．

［66］秦晓楠，卢小丽，武春友．国内生态安全研究知识图谱——基于Citespace 的计量分析［J］．生态学报，2014，34（13）：3693 - 3703．

［67］斯科特，戴维斯．组织理论：理性、自然与开放系统的视角［M］．北京：中国人民大学出版社，2011．

［68］邱泽奇．在工厂化和网络化的背后——组织理论的发展与困境［J］．社会学研究，1999（4）：3 - 27．

［69］詹姆斯·马奇，赫伯特·西蒙．组织（第2版）［M］．北京：机械工业出版社，2008．

［70］Thompson，James D . ，Zald Mayer N . ，Scott W . Richard．Organizations in Action：Social Science Bases of Administrative Theory［M］．London：Transaction Publishers，1967．

［71］De Ven A . H . ，Aldrich H . E . Organizations and Environments［J］．Administrative Science Quarterly，1979，24（2）．

［72］Stern R . N . ，Pfeffer J . ，Salancik G . R . ，et al．The External Control of Organizations：A Resource Dependence Perspective［J］．Contemporary Sociology，1979，8（4）．

［73］Meyer J . W . ，Rowan B . Institutionalized Organizations：Formal Structure as Myth and Ceremony［J］．American Journal of Sociology，1977，83（2）：340 - 363．

［74］Dimaggio P . ，Powell W . W . The Iron Cage Revisited：Institutional Isomorphism and Collective Rationality in Organizational Fields［J］．American Sociological Review，1983，48（2）：143 - 166．

［75］Chandler A . Strategy and Structure：Chapters in the History of the American Industrial Enterprise［J］．Alfred Chandler，1962，5（1）．

［76］Miles R . E . ，Snow C . C . ，Meyer A . D . ，et al．Organizational Strategy，

Structure, and Process ［J］. The Academy of Management Review, 1978, 3（3）: 546 – 562.

［77］Barney J. Strategic Factor Markets: Expectations, Luck and Business Strategy ［J］. Managementence, 1985, 21（10）: 656 – 665.

［78］Barney J. B. Firm Resources and Sustained Competitive Advantage ［J］. Advances in Strategic Management, 1991, 17（1）: 3 – 10.

［79］Cohen W. M., Levinthal D. A. Absorptive Capacity: A New Perspective on Learning and Innovation ［J］. Administrative Science Quarterly, 1990（35）.

［80］Sydney Finkelstein, Donald C. Hambrick. Chief Executive Compensation: A Study in the Intersection of Markets and Political Processes ［J］. Strategic Management Journal, 1989, 10（2）: 121 – 134.

［81］Jensen M. C., Meckling W. H. Theory of the Firm: Managerial Behavior, Agency Costs and Ownership Structure ［J］. SSRN Electronic Journal, 1976, 3（4）: 305 – 360.

［82］Fama, Eugene F. Agency Problems and the Theory of the Firm ［J］. Journal of Political Economy, 1980, 88（2）: 288 – 307.

［83］Fama E. F., Jensen M. C. Separation of Ownership and Control ［J］. Socialence Electronic Publishing, 1983（6）.

［84］Eisenhardt K. M. Agency Theory: An Assessment and Review ［J］. Academy of Management Review, 1989, 14（1）: 57 – 74.

［85］Granovetter M. S. The Strength of Weak Ties ［J］. American Journal of Sociology, 1973, 78（6）: 1360 – 1380.

［86］威廉姆森. 市场与层级制: 分析与反托拉斯含义 ［M］. 蔡晓月, 孟俭译. 上海: 上海财经大学出版社, 2011.

［87］Burt R. S. Structural Holes: The Social Structure of Competition ［M］. Harvard: Harvard University Press, 1995.

［88］Uzzi B. Social Structure and Competition in Interfirm Networks: The Paradox of Embeddedness ［J］. Administrative Science Quarterly, 1997, 42（1）: 35 – 67.

［89］Powell W. W., Smith – Doerr K. L. Interorganizational Collaboration and the Locus of Innovation: Networks of Learning in Biotechnology ［J］. Administrative Science Quarterly, 1996, 41（1）: 116 – 145.

［90］Teece D. J. , Pisano G. , Shuen A. Dynamic Capabilities and Strategic Management ［J］. Knowledge and Strategy, 1999, 18 （7）：77 - 115.

［91］Henderson R. M. , Clark K. B. Architectural Innovation：The Reconfiguration of Existing Product Technology and the Failure of Existing Firms ［J］. Administrative Science Quarterly, 1990 （35）：9 - 31.

［92］Kogut B. , Zander U. Knowledge of the Firm, Combinative Capabilities, and the Replication of Technology ［J］. Organization Science, 1992, 3 （3）：383 - 397.

［93］Levitt B. , March J. G. Organizational Learning ［J］. Annual Review of Sociology, 1988, 14 （1）：319 - 338.

［94］Gulati R. Does Familiarity Breed Trust? The Implications of Repeated Ties for Contractual Choice in Alliances ［J］. Academy of Management Journal, 1995, 38 （1）：85 - 112.

［95］Das T. K. , Bing T. S. Between Trust and Control：Developing Confidence in Partner Cooperation in Alliances ［J］. The Academy of Management Review, 1998, 23 （3）：491 - 512.

［96］Gary, Hamel. Competition for Competence and Interpartner Learning Within International Strategic Alliances ［J］. Strategic Management Journal, 1991 （5）.

［97］Doz Y. L. The Evolution of Strategic Alliances：Inital Conditions or Learning Processes? ［J］. Strategic Management Journal, 1996 （17）：55 - 83.

［98］Taylor F. W. The Principles of Scientific Management ［M］. New York：Harper & Brothers, 1911.

［99］Fayol H. General and Industrial Management ［M］. London：Pitman, 1949.

［100］彭新武. 西方管理思想史 ［M］. 北京：机械工业出版社，2018.

［101］马洪. 国外经济管理名著丛书 ［M］. 北京：中国社会科学出版社，1982.

［102］March J. G. , Simon H. A. Organizations ［J］. Industrial and Corporate Change, 1958 （3）：3.

［103］Cyert R. M. , March J. G. A Behavioral Theory of the Firm ［J］. Journal of Marketing Research, 1963, 1 （1）.

［104］Duncan R. B. The Characteristics of Organizational Environments and Perceived Environmental Uncertainty ［J］. Administrative Science Quarterly, 1972, 17（3）: 313.

［105］W. 理查德·斯科特, 杰拉尔德·F. 戴维斯. 组织理论: 理性、自然与开放系统的视角 ［M］. 北京: 中国人民大学出版社, 2011.

［106］Weber, Max. The Theory of Social and Economic Organization ［M］. Oxford: Oxford University Press, 1947.

［107］Burns T. Micropolitics: Mechanisms of Institutional Change ［J］. Administrative Science Quarterly, 1961（6）: 257 – 281.

［108］Blau P. M. , Slaughter E. L. Institutional Conditions and Student Demonstrations ［J］. Social Problems, 1971（4）: 475 – 487.

［109］Crozier M. The Bureaucratic Phenomenon ［M］. Chicago: University of Chicago Press, 1964.

［110］Pugh D. S. , Hickson D. J. , Hinings C. R. , et al. The Dimensions of Organization Structure ［J］. Administrative Science Quarterly, 1968, 13（1）: 65 – 91.

［111］Johnson R. A. , Kast F. E. , Rosenzweig J. E. Systems Theory and Management ［J］. Management Science, 1964, 10（2）: 367 – 384.

［112］Woodward J. Industrial Organization: Theory and Practice ［M］. Oxford: Oxford University Press, 1966.

［113］Lawrence P. R. , Lorsch J. W. Differentiation and Integration in Complex Organizations ［J］. Administrative Science Quarterly, 1967, 12（1）: 1 – 47.

［114］Thompson, James D. , Zald, Mayer N. , Scott W. Richard. Organizations in Action: Social Science Bases of Administrative Theory ［M］. London: Transaction Publishers, 1967.

［115］Chandler A. Strategy and Structure: Chapters in the History of the American Industrial Enterprise ［M］. Cambridge: MIT Press, 1962.

［116］Child J. Organizational Structure, Environment and Performance: The Role of Strategic Choice ［J］. Sociology, 1972, 6（1）: 1 – 22.

［117］Weick K. E . Educational Organizational as Loosely Coupled Systems ［J］. Administrative Science Quarterly, 1976, 21（1）: 1 – 19.

［118］Coase R. H . The Nature of the Firm ［J］. Economica, 1937, 4

（16）：386 - 405.

［119］Williamson O. E. Markets and Hierarchies, Analysis and Antitrust Implications: A Study in the Economics of Internal Organization ［M］. New York: Free Press, 1975.

［120］Cohen M. D. , March J. G. , Olsen J. P. A Garbage can Model of Organizational Choice ［J］. Administrative Science Quarterly, 1972 （2）: 1 - 25.

［121］Lomi A. , Harrison J. R. The Garbage can Model of Organizational Choice: Looking Forward at forty ［J］. Research in the Sociology of Organizations, 2012 （36）: 3 - 17.

［122］Mintzberg H. , Romelaer P. The Structuring of Organizations: A Synthesis of the Research ［M］. Engelewood: Prentice Hall, 1979.

［123］Mintzberg H. Structure in Fives: Designing Effective Organizations ［M］. Engelewood: Prentice Hall, 1983.

［124］Mintzberg H. , Didier M. , Arbic G. , et al. Power in and Around Organizations ［M］. Upper Saddle Rive: Prentice Hall, 1983.

［125］Hannan M. T. , Freeman J. The Population Ecology of Organizations ［J］. American Journal of Sociology, 1977, 82 （5）: 929 - 964.

［126］Aldrich H. E. Organizations and Environments ［M］. Upper Saddle Rive: Prentice Hall, 1979.

［127］Pfeffer J. , Salancik G. R. The External Control of Organizations: A Resource Dependence Perspective ［M］. Stanford: Stanford University Press, 2003.

［128］费显政. 组织与环境的关系——不同学派述评与比较 ［J］. 国外社会科学, 2006 （3）: 15 - 21.

［129］Andrews K. The Concept of Corporate Strategy ［M］. New York: Irwin, 1971.

［130］Ansoff H. I. Corporate Strategy ［M］. New York: McGraw - Hill, 1965.

［131］周三多. 战略管理思想史 ［M］. 上海: 复旦大学出版社, 2003.

［132］Mintzberg H. , Raisinghani D. , Theoret A. The Structure of Unstructured Decision Processes ［J］. Administrative Science Quarterly, 1976 （5）: 246 - 275.

［133］Mintzberg H. Patterns in Strategy Formation ［J］. Management Science, 1978, 24 （9）: 934 - 948.

［134］Quinn J. B. Strategic Change："Logical Incrementalism"［J］. Sloan Management Review（pre – 1986），1978，20（1）：7.

［135］Miles R. E.，Snow C. C.，Meyer A. D.，et al. Organizational Strategy，Structure，and Process［J］. Academy of Management Review，1978，3（3）：546 – 562.

［136］Snow C. C.，Hrebiniak L. G. Strategy，Distinctive Competence，and Organizational Performance［J］. Administrative Science Quarterly，1980（7）：317 – 336.

［137］Hambrick D. C. Some Tests of the Effectiveness and Functional Attributes of Miles and Snow's Strategic Types［J］. Academy of Management Journal，1983，26（1）：5 – 26.

［138］Rumelt R. P. Strategy，Structure and Economic Performance［J］. Journal of Behavioral Economics，1975（6）.

［139］Teece D. J. Towards an Economic Theory of the Multiproduct Firm［J］. Journal of Economic Behavior & Organization，1982，3（1）：39 – 63.

［140］Porter M. E. Competitive Strategy［M］. New York：Free Press，1980.

［141］Porter M. E. Competitive Advantage［M］. New York：Free Press，1985.

［142］Tushman M. L.，Romanelli E. Organizational Evolution：A Metamorphosis Model of Convergence and Reorientation［J］. Research in Organizational Behavior，1985（7）：171 – 222.

［143］Porter M. E. How Competitive Forces Shape Strategy［J］. Harvard Business Review，1979，57（2）：78 – 93.

［144］Porter M. E. The Contributions of Industrial Organization to Strategic Management［J］. The Academy of Management Review，1981（10）.

［145］Selznick P. Leadership in Administration：A Sociological Interpretation［M］. New York：Harper & Row Publisher，1957.

［146］Wernerfelt B. A Resource – Based View of the Firm［J］. Strategic Management Journal，1984，5（2）：171 – 180.

［147］Rumelt R. P. Towards a Strategic Theory of the Firm［J］. Competitive Strategic Management，1984，26（3）：556 – 570.

［148］Barney J. Strategic Factor Markets：Expectations，Luck and Business

Strategy ［J］. Management Science, 1985, 21 (10): 656 - 665.

［149］Dierickx I., Cool K. Asset Stock Accumulation and Sustainability of Competitive Advantage ［J］. Management Science, 1989, 35 (12): 1504 - 1510.

［150］Conner K. R. A Historical Comparison of Resource - Based Theory and Five Schools of Thought Within Industrial Organization Economics: Do We Have a New Theory of the Firm? ［J］. Journal of Management, 1991 (6).

［151］Barney J. B. Firm Resource and Sustained Competitive Advantage ［J］. Journal of Management, 1991, 17 (1): 99 - 120.

［152］Rumelt R. How Much Does Industry Matter? ［J］. Strategic Management Journal, 1991, 12 (3): 167 - 185.

［153］Amit R., Schoemaker P. J. H. Strategic Assets and Organizational Rent ［J］. Strategic Management Journal, 1993, 14 (1): 33 - 46.

［154］Lippman S. A., Rumelt R. P. Uncertain Imitability: An Analysis of Interfirm Differences in Efficiency under Competition ［J］. The Bell Journal of Economics, 1982, 13 (2): 418 - 438.

［155］Barney J. B. Organizational Culture: Can It Be a Source of Sustained Competitive Advantage?［J］. The Academy of Management Review, 1986, 11 (3): 656 - 665.

［156］Rumelt R. P. Strategy, Structure, and Economic Performance ［M］. Harvard: Harvard University Press, 1974.

［157］Itami H., Roehl T. W. Mobilizing Invisible Assets ［M］. Harvard: Harvard University Press, 1987.

［158］Prahalad C. K, Bettis R. A. The Dominant Logic: A New Linkage Between Diversity and Performance ［J］. Strategic Management Journal, 1986, 7 (6): 485 - 501.

［159］Prahalad C. K., Hamel G. The Core Competence of the Corporation ［J］. Knowledge and Strategy, 1999, 68 (3): 41 - 59.

［160］Rebecca M. Henderson, Ian Cockburn. Measuring Competence? Exploring Firm Effects in Drug Discovery ［J］. Nature & Dynamics of Organizational Capabilities, 1994 (5): 155 - 183.

［161］Williamson O. E. The Economic Institutions of Capitalism: Firms, Markets，Relational Contracting ［M］. New York：Free Press，1985.

［162］Nonaka I.，Hirotaka T. The Knowledge - Creating Company：How Japanese Companies Create the Dynamics of Innovation ［M］. Oxford：Oxford University Press，1995.

［163］Leonard - Barton D. Core Capabilities and Core Rigidities：A Paradox in Managing New Product Development ［J］. Strategic Management Journal，1992，13（S1）：111 - 125.

［164］Eisenhardt K. M.，Martin J. A. Dynamic Capabilities：What Are They? ［J］. Strategic Management Journal，2000（21）.

［165］王核成. 基于动态能力观的企业竞争力及其演化研究［D］. 浙江大学博士学位论文，2005.

［166］Teece D. J.，Pisano G.，Shuen A. Dynamic Capabilities and Strategic Management ［J］. Strategic Management Journal，1997，18（7）：509 - 533.

［167］Teece D. J. Explicating Dynamic Capabilities：The Nature and Micro-foundations of（Sustainable）Enterprise Performance ［J］. Strategic Management Journal，2007，28（13）：1319 - 1350.

［168］Eisenhardt K. M.，Martin J. A. Dynamic Capabilities：What Are They? ［J］. Strategic Management Journal，2000，21（10 - 11）：1105 - 1121.

［169］Helfat C. E.，Peteraf M. A. The Dynamic Resource - based View：Capability Lifecycles ［J］. Strategic Management Journal，2003，24（10）：997 - 1010.

［170］Zollo M.，Winter S. G. Deliberate Learning and the Evolution of Dynamic Capabilities ［J］. Organization Science，2002，13（3）：339 - 351.

［171］罗家德. 社会网络分析讲义（第 2 版）［M］. 北京：社会科学文献出版社，2010.

［172］Granovetter M. S. The Strength of Weak Ties ［J］. American Journal of Sociology，1979，78（6）：1360 - 1380.

［173］Williamson O. E. Markets and Hierarchies，Analysis and Antitrust Implications：A Study in the Economics of Internal Organization ［M］. New York：Free Press，1975.

［174］Burt R. S. Structural Holes：The Social Structure of Competition ［M］. Harvard：Harvard University Press，1992.

［175］黎耀奇，谢礼珊. 社会网络分析在组织管理研究中的应用与展望
［J］. 管理学报，2013，10（1）：146.

［176］Hansen M. T. The Search – transfer Problem：The Role of Weak Ties in
Sharing Knowledge Across Organization Subunits ［J］. Administrative Science
Quarterly，1999，44（1）：82 – 111.

［177］Nahapiet J.，Ghoshal S. Social Capital，Intellectual Capital，and the
Organizational Advantage ［J］. Academy of Management Review，1998，23（2）：
242 – 266.

［178］Gulati R. Alliances and Networks ［J］. Strategic Management Jour-
nal，1998，19（4）：293 – 317.

［179］Walker G.，Kogut B.，Shan W. Social Capital，Structural Holes and
the Formation of an Industry Network ［J］. Organization Science，1997，8（2）：
109 – 125.

［180］Ahuja G. Collaboration Networks，Structural Holes，and Innovation：A
Longitudinal Study ［J］. Administrative Science Quarterly，2000，45（3）：425 –
455.

［181］Stuart T. E. A Structural Perspective on Organizational Innovation ［J］.
Industrial and Corporate Change，1999，8（4）：745 – 775.

［182］Williamson O. E. Comparative Economic Organization：The Analysis of
Discrete Structural Alternatives ［J］. Administrative Science Quarterly，1991（6）：
269 – 296.

［183］Barney J. Strategic Factor Markets：Expectations，Luck and Business
Strategy ［J］. Management Ence Letters，1985，21（10）：656 – 665.

［184］Doz Y. L. The Evolution of Cooperation in Strategic Alliances：Initial
Conditions or Learning Processes？［J］. Strategic Management Journal，1996，17
（S1）：55 – 83.

［185］Ring P. S.，Van de Ven A. H. Developmental Processes of Cooperative
Interorganizational Relationships ［J］. Academy of Management Review，1994，19
（1）：90 – 118.

［186］Baum J. A. C.，Calabrese T.，Silverman B. S. Don't Go It Alone：Al-
liance Network Composition and Startups' Performance in Canadian Biotechnology
［J］. Strategic Management Journal，2000，21（3）：267 – 294.

［187］ Kogut B. , Zander U. Knowledge of the Firm, Combinative Capabilities, and the Replication of Technology ［J］. Organization Science, 1992, 3 (3): 383 – 397.

［188］ Grant R. M. Toward a Knowledge – based Theory of the Firm ［J］. Strategic Management Journal, 1996, 17 (S2): 109 – 122.

［189］ Szulanski G. Exploring Internal Stickiness: Impediments to the Transfer of Best Practice within the Firm ［J］. Strategic Management Journal, 1996, 17 (S2): 27 – 43.

［190］ March J. G. Exploration and Exploitation in Organizational Learning ［J］. Organization Science, 1991, 2 (1): 71 – 87.

［191］ Levinthal D. A. , March J. G. The Myopia of Learning ［J］. Strategic Management Journal, 1993, 14 (S2): 95 – 112.

［192］ Mowery D. C. , Oxley J. E. , Silverman B. S. Strategic Alliances and Interfirm Knowledge Transfer ［J］. Strategic Management Journal, 1996, 17 (S2): 77 – 91.

［193］ Kale P. , Singh H. , Perlmutter H. Learning and Protection of Proprietary Assets in Strategic Alliances: Building Relational Capital ［J］. Strategic Management Journal, 2000, 21 (3): 217 – 237.

［194］ Lane P. J. , Lubatkin M. Relative Absorptive Capacity and Interorganizational Learning ［J］. Strategic Management Journal, 1998, 19 (5): 461 – 477.

［195］ Schumpeter J. A. , Opie R. The Theory of Economic Development: An Inquiry Into Profits, Capital, Credit, Interest, And the Business Cycle ［M］. Oxford: Oxford University Press, 1934.

［196］ Schumpeter J. A. Capitalism, Socialism, and Democracy ［M］. New York: Routledge, 1994.

［197］ Henderson R. M. , Clark K. B. Architectural Innovation: The Reconfiguration of Existing Product Technologies and the Failure of Established Firms ［J］. Administrative Science Quarterly, 1990: 9 – 30.

［198］ Cohen W. M. , Levin R. C. Empirical Studies of Innovation and Market Structure ［J］. Handbook of Industrial Organization, 1989 (2): 1059 – 1107.

［199］ Cohen W. M. , Levinthal D. A. Absorptive Capacity: A New Perspective on Learning and Innovation ［J］. Administrative Science Quarterly, 1990 (5):

128 - 152.

［200］ Von Hippel E. The Sources of Innovation ［M］. Oxford: Oxford University Press, 1988.

［201］ Lundvall B. A. National Systems of Innovation: Towards a Theory of Innovation and Interactive Learning ［M］. London: Pinter Publishers, 1992.

［202］ Nelson R. R. National Innovation Systems: A Comparative Analysis ［M］. Oxford: Oxford University Press, 1993.

［203］ North D. C. Institutions, Institutional Change, And Economic Performance ［M］. Cambridge: Cambridge University Press, 1990.

［204］ Teece D. J. Profiting from Technological Innovation: Implications for Integration, Collaboration, Licensing and Public Policy ［J］. The Transfer and Licensing of Know - How and Intellectual Property: Understanding the Multinational Enterprise in the Modern World, 1986 （15）: 67 - 88.

［205］ Pavitt K. Sectoral Patterns of Technical Change: Towards a Taxonomy and a Theory ［J］. Technology, Management and Systems of Innovation, 1984 （5）: 15 - 45.

［206］ Dosi G. Technological Paradigms and Technological Trajectories: A Suggested Interpretation of the Determinants and Directions of Technical Change ［J］. Research Policy, 1982, 11 （3）: 147 - 162.

［207］ Anderson P. , Tushman M. L. Technological Discontinuities and Dominant Designs: A Cyclical Model of Technological Change ［J］. Administrative Science Quarterly, 1990 （6）: 604 - 633.

［208］ Fleming L. Recombinant Uncertainty in Technological Search ［J］. Management Science, 2001, 47 （1）: 117 - 132.

［209］ Chesbrough H. W. Open Innovation: The New Imperative for Creating and Profiting from Technology ［M］. Harvard: Harvard Business Press, 2003.

［210］ Chen C. , Dubin R. , Kim M. C. Orphan Drugs and Rare Diseases: A Scientometric Review （2000 - 2014） ［J］. Expert Opinion on Orphan Drugs, 2014, 2 （7）: 709 - 724.

［211］ Kleinberg J. M. Bursty and Hierarchical Structure in Streams ［J］. Knowledge Discovery and Data Mining, 2002 （5）.

［212］ Zhao F. Managing Innovation and Quality of Collaborative R&D ［J］.

Proceedings of 5th International & 8th National Research Conference, Melbourne, 2001 (3).

［213］Peter F., Drucker. The Discipline of Innovation ［J］. Leader to Leader, 1998.

［214］贺腾飞，康苗苗."创新与创业"概念与关系之辩［J］. 民族高等教育研究，2016，4（4）：7–12.

［215］何骏，张祥建. 公司治理前沿研究综述——大股东控制、隧道行为、隐性收益与投资者保护［J］. 经济管理，2008（Z3）：165–171.

［216］买生，杨英英，李俊亭. 公司社会责任治理：多理论融合的理论模型［J］. 管理评论，2015（6）：100.

［217］Donaldson T., Preston L. E. The Stakeholder Theory of the Corporation：Concepts, Evidence and Implications ［J］. Academy of Management Review, 1995, 20（1）：65–91

［218］Logsdon J. M., Wood D. J. Business Citizenship ［J］. Business Ethics Quarterly, 2002, 12（2）：155–187.

［219］托克斯·塞缪尔·库恩. 科学革命的结构（第4版）［M］. 胡新和等译. 北京：北京大学出版社，2012.

［220］大卫·J. 科利斯，辛西娅. 公司战略：企业的资源与范围［M］. 大连：东北财经大学出版社，2000.

［221］孙选中. 法商管理解析——颠覆经典管理的思考［M］. 北京：经济管理出版社，2018.

［222］郭志文. 管理学核心思想概述［J］. 当代继续教育，1999（6）：52–55.

［223］斯蒂芬·P. 罗宾斯. 管理学（第4版）［M］. 黄卫伟等译. 北京：中国人民大学出版社，1997.

［224］海因茨·韦里克，哈罗德·孔茨. 管理学——全球化视角［M］. 北京：经济科学出版社，2005.

［225］肯·史密斯，迈克尔·希特，Smith K. G. 等. 管理学中的伟大思想［M］. 北京：北京大学出版社，2010.

［226］Sumner H. Slichter. The Current Labor Policies of American Industries ［J］. The Quarterly Journal of Economics, 1929, 3（5）：394.

［227］Harris, Corporation. Founding Dates of the 1994 Fortune 500 U. S.

Companies［J］. Business History Review, 1996（7）.

［228］Riesman D. The Lonely Crowd［J］. Harvard Law Review, 1951, 64（8）.

［229］Hopkins W. S. The Industrial Discipline and the Governmental Arts［J］. The Economic Journal, 1933（6）：171.

［230］马丁·里维斯，纳特·汉拿斯，詹美贾亚·辛哈. 战略的本质［M］. 北京：中信出版社，2016.

［231］劳伦斯·弗里德曼. 战略：一部历史（下）［M］. 王坚等译. 北京：社会科学文献出版社，2016.

［232］艾伦·布林克利. 美国史Ⅲ（第13版）［M］. 北京：北京大学出版社，2019：1141.

［233］麦迪森. 世界经济二百年回顾［M］. 北京：改革出版社，1997.

［234］加里·纳什. 美国人民：创建一个国家和一种社会（下）［M］. 刘德斌等译. 北京：北京大学出版社，2008.

［235］罗伯特·戈登. 美国增长的起落［M］. 张林山等. 北京：中信出版社，2018.

［236］刘守旭. 1973－1975年美国滞胀危机成因分析［D］. 吉林大学博士学位论文，2012.

［237］United Nations Conference on Trade and Development. Division on Transnational Corporations and Investment. Transnational Corporations, Eemployment and the Workplace［C］. United Nations, 1994.

［238］孙杰. 企业管理系统的复杂性及其特征分析［J］. 商业时代，2009（23）：45.

［239］孙存良. 国家治理的中国智慧［J］. 前线，2019（8）：32－36.

［240］刘广灵. 学术活动组织体系的演变对实践导向管理研究的启示［J］. 管理学报，2011, 8（6）：811.

［241］中国银行国际金融研究所中国经济金融研究课题组. 谨防外部冲击与"大调整"形成同频共振——中国银行中国经济金融展望报告（2019年）［J］. 国际金融，2018（12）：49－56.

［242］Davenport T. H., Ronanki R. Artificial Intelligence for the Real World［J］. Harvard Business Review, 2018, 96（1）：108－116.

［243］刘寒. 大数据环境下数据质量管理、评估与检测关键问题研究

［D］．吉林大学博士学位论文，2019.

［244］Devarakonda, Shivaram , Reuer, Jeffrey. Knowledge Sharing and Safe-guarding in R&D Collaborations: The Role of Steering Committees in Biotechnology Alliances［J］. Strategic Management Journal, 2018, 39（10）: 1002.

［245］Ang S. H. , Benischke M. H. , Doh J. P. The Interactions of Institutions on Foreign Market Entry Mode［J］. Strategic Management Journal, 2015, 36（10）: 1536 – 1553.

［246］Lan L. L. , Heracleous L. Rethinking Agency Theory: The View from Law［J］. The Academy of Management Review, 2010, 35（2）: 294 – 314.

［247］Gil N. , Pinto J. Polycentric Organizing and Performance: A Contingency Model and Evidence from Megaproject Planning in the UK［J］. Research Policy, 2018, 47（4）: 717 – 734.

［248］Bourdeau S. , Ollier – Malaterre A. , Houlfort N. Not All Work – Life Policies Are Created Equal: Career Consequences of Using Enabling versus Enclosing Work – Life Policies［J］. The Academy of Management Review, 2019, 44（1）: 172 – 193.

［249］Chatterji A. K. , Fabrizio K. R. Using Users: When Does External Knowledge Enhance Corporate Product Innovation?［J］. Strategic Management Journal, 2014, 35（10）: 1427 – 1445.

［250］Marshall D. R. , Davis W. D. , Clay D. , et al. Learning off the Job: Examining Part – time Entrepreneurs as Innovative Employees［J］. Journal of Management, 2019, 45（8）: 3091 – 3113.

［251］Talke K. , Salomo S. , Rost K. How Top Management Team Diversity Affects Innovativeness and Performance Via the Strategic Choice to Focus on Innovation Fields［J］. Research Policy, 2010, 39（7）: 907 – 918.

［252］Kim J. , Mahoney J. A Strategic Theory of the Firm as a Nexus of Incomplete Contracts: A Property Rights Approach［J］. Journal of Management, 2010, 36（4）: 806 – 826.

［253］Goranova M. , Dharwadkar R. , Brandes P. Owners on Both Sides of the Deal: Mergers and Acquisitions and Overlapping Institutional Ownership［J］. Strategic Management Journal, 2010, 31（10）: 1114 – 1135.

［254］Li J. , Qian C. Principal – Principal Conflicts under Weak Institutions:

A Study of Corporate Takeovers in China ［J］. Strategic Management Journal, 2013, 34 (4): 498 – 508.

［255］Zheng Y. , Yang H. Does Familiarity Foster Innovation? The Impact of Alliance Partner Repeatedness on Breakthrough Innovations ［J］. Journal of Management Studies, 2015, 52 (2): 213 – 230.

［256］Qian C. , Wang H. , Geng X. , Yu Y. Rent Appropriation of Knowledge – Based Assets and Firm Performance When Institutions Are Weak: A Study of Chinese Publicly Listed Firms ［J］. Strategic Management Journal, 2017, 38 (4): 892 – 911.

［257］Huettermann H. , Bruch H. Mutual Gains? Health – Related HRM, Collective Well – Being and Organizational Performance ［J］. Journal of Management Studies, 2019, 56 (6): 1045 – 1072.

［258］Wincent J. , Anokhin S. , Oertqvist D. , et al. Quality Meets Structure: Generalized Reciprocity and Firm – Level Advantage in Strategic Networks ［J］. Journal of Management Studies, 2010, 47 (4): 597 – 624.

［259］Koehler C. , Sofka W. , Grimpe C. Selective Search, Sectoral Patterns, and the Impact on Product Innovation Performance ［J］. Research Policy, 2012, 41 (8): 1344 – 1356.

［260］Stéphane R. , Schubert T. Cooperation with Public Research Institutions and Success in Innovation: Evidence from France and Germany ［J］. Research Policy, 2013, 42 (1): 149 – 166.

［261］Davis J. P. The Group Dynamics of Interorganizational Relationships: Collaborating with Multiple Partners in Innovation Ecosystems ［J］. Social Science Electronic Publishing, 2016, 61 (4): 621 – 661.

［262］Marianne S. , Einar R. The Interplay of Cognitive and Relational Social Capital Dimensions in University – Industry Collaboration: Overcoming the Experience Barrier ［J］. Research Policy, 2018, 47 (10): 1964 – 1974.

［263］魏建. 交易成本理论：法经济学的理论基础 ［J］. 学术月刊, 1998 (9): 66 – 69.

［264］葛建华. 环境规制、环境经营战略选择与企业绩效//法商管理评论（第一辑）［M］. 北京：经济管理出版社, 2012.

［265］巫云仙. 管理学视野中的法商管理//法商管理评论（第一辑）

［M］．北京：经济管理出版社，2012.

［266］张丽英，王天冕．管理学视野中的法商管理//法商管理评论（第一辑）［M］．北京：经济管理出版社，2012.

［267］陈曦，周靖凯．中国"山寨"企业发展战略与转型前景展望//法商管理评论（第一辑）［M］．北京：经济管理出版社，2012.

［268］Bagley C. E. Winning Legally：The Value of Legal Astuteness［J］．Academy of Management Review，2008（33）：378 – 390.

［269］王玲．法商管理模型及 TDCA 优化工具//法商管理评论（第一辑）［M］．北京：经济管理出版社，2012.

［270］Bagley, Constance E. , Booksx. Winning Legally：How to Use the Law to Create Value，Marshal Resources［A］// Winning Legally：How to Use the Law to Create Value, Marshal Resources and Manage Risk［M］．Harvard：Harvard Business School Press，2005.

附录 I

《期刊引用报告》（*Journal Citation Reports*，JCR）中管理学领域平均影响因子前 50 名的期刊。

Rank	Full Journal Title	Journal Impact Factor
1	*Academy of Management Annals*	12. 289
2	*Academy of Management Review*	10. 632
3	*Journal of Management*	9. 056
4	*Organization & Environment*	8. 5
5	*Administrative Science Quarterly*	8. 024
6	*Journal of Operations Management*	7. 776
7	*Journal of International Business Studies*	7. 724
8	*International Journal of Management Reviews*	7. 6
9	*Academy of Management Journal*	7. 191
10	*Annual Review of Organizational Psychology and Organizational Behavior*	7. 179
11	*Journal of Supply Chain Management*	7. 125
12	*Personnel Psychology*	6. 93
13	*Organizational Research Methods*	6. 551
14	*Business Strategy and the Environment*	6. 381
15	*Tourism Management*	6. 012
16	*Journal of Management Studies*	5. 839
17	*Harvard Business Review*	5. 691
18	*Leadership Quarterly*	5. 631
19	*Strategic Management Journal*	5. 572
20	*Corporate Social Responsibility and Environmental Management*	5. 513
21	*Research Policy*	5. 425

Rank	Full Journal Title	Journal Impact Factor
22	*Omega – International Journal of Management Science*	5. 341
23	*Technovation*	5. 25
24	*International Journal of Physical Distribution & Logistics Management*	5. 212
25	*Journal of Applied Psychology*	5. 067
26	*California Management Review*	5
26	*Journal of Organizational Behavior*	5
28	*Industrial Marketing Management*	4. 779
29	*Operations Management Research*	4. 727
30	*International Journal of Project Management*	4. 694
31	*Journal of Knowledge Management*	4. 604
32	*Mis Quarterly*	4. 373
33	*Supply Chain Management – An International Journal*	4. 296
34	*Management Science*	4. 219
35	*Information & Management*	4. 12
36	*International Journal of Operations & Production Management*	4. 111
36	*Organizational Psychology Review*	4. 111
38	*Management Accounting Research*	4. 044
39	*Journal of Technology Transfer*	4. 037
40	*Journal of Strategic Information Systems*	4
41	*International Journal of Contemporary Hospitality Management*	3. 957
42	*Research In Organizational Behavior*	3. 955
43	*Academy of Management Perspectives*	3. 857
44	*Journal of Destination Marketing & Management*	3. 8
45	*Journal of Product Innovation Management*	3. 781
46	*Journal of Intellectual Capital*	3. 744
47	*International Small Business Journal – Researching Entrepreneurship*	3. 706
48	*Human Resource Management Review*	3. 625
49	*Small Business Economics*	3. 555
50	*Electronic Markets*	3. 553

附录 II

2016 年英国《金融时报》（*Financial Times*）评选的管理学领域 50 份权威期刊（FT50）。

Rank	Full Journal Title
1	*Academy of Management Journal*
2	*Academy of Management Review*
3	*Accounting, Organizations and Society*
4	*Administrative Science Quarterly*
5	*American Economic Review*
6	*Contemporary Accounting Research*
7	*Econometrica*
8	*Entrepreneurship Theory and Practice*
9	*Harvard Business Review*
10	*Human Relations*
11	*Human Resource Management*
12	*Information Systems Research*
13	*Journal of Accounting and Economics*
14	*Journal of Accounting Research*
15	*Journal of Applied Psychology*
16	*Journal of Business Ethics*
17	*Journal of Business Venturing*
18	*Journal of Consumer Psychology*
19	*Journal of Consumer Research*
20	*Journal of Finance*

Rank	Full Journal Title
21	*Journal of Financial and Quantitative Analysis*
22	*Journal of Financial Economics*
23	*Journal of International Business Studies*
24	*Journal of Management*
25	*Journal of Management Information Systems*
26	*Journal of Management Studies*
26	*Journal of Marketing*
28	*Journal of Marketing Research*
29	*Journal of Operations Management*
30	*Journal of Political Economy*
31	*Journal of the Academy of Marketing Science*
32	*Management Science*
33	*Manufacturing and Service Operations Management*
34	*Marketing Science*
35	*MIS Quarterly*
36	*Operations Research*
36	*Organization Science*
38	*Organization Studies*
39	*Organizational Behavior and Human Decision Processes*
40	*Production and Operations Management*
41	*Quarterly Journal of Economics*
42	*Research Policy*
43	*Review of Accounting Studies*
44	*Review of Economic Studies*
45	*Review of Finance*
46	*Review of Financial Studies*
47	*Sloan Management Review*
48	*Strategic Entrepreneurship Journal*
49	*Strategic Management Journal*
50	*The Accounting Review*